O.W. BARTH

SHUNMYO MASUNO

ZEN
MAGIC

WIE MAN SEIN LEBEN
AUFRÄUMT
UND DABEI EIN REINES HERZ
BEKOMMT

Aus dem Japanischen von
Nora Bierich

O.W. BARTH

Die japanische Originalausgabe erschien 2015 unter
dem Titel »Katazukeru Zen no sahô« bei
KAWADE SHOBO SHINSHA Ltd., Publishers.

Besuchen Sie uns im Internet:
www.ow-barth.de

FSC
www.fsc.org
MIX
Papier aus verantwortungsvollen Quellen
FSC® C014496

Originally published in Japan by
KAWADE SHOBO SHINSHA Ltd., Publishers, Tokyo.
German translation rights arranged with
KAWADE SHOBO SHINSHA Ltd., Publishers,
through le Bureau des Copyrights Français, Tokyo.

Illustrationen: Miyuki Matsuo
Redaktion: Martina Darga
Covergestaltung: ki 36 Sabine Krohberger
Coverabbildung: Arman Zhenikeyev/getty images,
Elina_Li/creative market, Stephan Sahm
Satz: Adobe InDesign im Verlag
Druck und Bindung: GGP Media GmbH, Pößneck
ISBN 978-3-426-29296-9

2 4 5 3 1

Inhalt

2
Einfache Zen-Techniken fürs Putzen und Aufräumen 51

Vorwort

Vielleicht haben Sie zu diesem Buch gegriffen, weil Sie glauben, dass Aufräumen nicht gerade Ihre Stärke ist, oder weil Sie gerne sauber machen wollen, es Ihnen aber schwerfällt, diesen Wunsch in die Tat umzusetzen.

Wenn das der Fall ist, dürfen Sie sich auf die Lektüre freuen. Besonders Menschen, denen Aufräumen und Putzen schwerfallen, können mit diesem Buch einen großen Schritt weiterkommen. Doch es wird jeder, der zum Putzen und Aufräumen bereit ist, das Glück der Veränderung erfahren.

Der Zen-Buddhismus lehrt uns, wie wir im Alltag in Körper und Geist Ordnung schaffen und dadurch unser Leben positiv beeinflussen. Aufräumen und Saubermachen sind dabei wesentliche Bestandteile, denn wer seine Umgebung ordnet, bringt auch Ordnung in sein Herz und damit in sein Leben. Das ist ein grundlegender Gedanke des Zen.

Hier habe ich versucht, die Methode des Aufräumens und Saubermachens, so wie ich sie als Zen-Mönch gelernt habe und praktiziere, so weiterzugeben, dass sie jeder umsetzen kann.

Dabei geht es mir keineswegs um komplizierte Techniken oder Theorien. Ich verrate Ihnen vielmehr ein paar Geheimnisse der Zen-Mönche sowie einfache

Tricks, die Ihnen helfen, in der eigenen Wohnung Ordnung zu schaffen. Sie müssen nicht alle Vorschläge sofort in die Tat umsetzen. Tun Sie nur das, was Ihnen gerade möglich ist. Anfangs nehmen Sie sich am besten nur eine Sache vor, aber bleiben Sie dabei. Wenn Sie das Aufräumen 100 Tage lang durchhalten, wird es Ihnen zur Gewohnheit werden.

Schon mit Kleinem lässt sich viel erreichen. Wenn Sie nur ein paar Dinge wegräumen, werden Sie sich gleich besser fühlen. Allein eine Zeitschrift ins Bücherregal zu stellen kann bereits für Erleichterung sorgen.

Kosten Sie dieses Wohlgefühl aus, denn das ist wichtig, um motiviert zu bleiben. Wenn Sie spüren, wie gut Sie sich nach dem Aufräumen fühlen, möchten Sie diesen Zustand auch gerne beibehalten.

Bitte hetzen Sie sich nicht beim Aufräumen und Putzen und zwingen Sie sich auch nicht dazu. Vor allem machen Sie sich keine Vorwürfe, wenn Sie es einmal nicht schaffen.

Beginnen Sie mit etwas Einfachem. Heben Sie beispielsweise die Dinge auf, die am Boden liegen, oder wischen Sie den Tisch ab. Schon ein einziger Schritt vorwärts hat den nächsten Schritt zur Folge, der Sie wieder einen Schritt weiterbringt, und irgendwann stellen Sie fest, dass Ihnen das Aufräumen in Fleisch und Blut übergegangen ist.

Wenn Sie morgens nur fünf Minuten lang Ordnung schaffen, fühlt sich der Tag gleich schon viel besser an.

Zen lehrt uns auch, dass wir mit Wenigem glücklich sein können, wahrscheinlich sogar glücklicher als mit großen Besitztümern.

Ein Mönch, der mir bei meiner Arbeit hilft, kann all seinen Besitz in zwei Pappkisten unterbringen. Als er loszog, um sich als Novize in Zen-Tempeln seinen Übungen zu widmen, musste er sein persönliches Hab und Gut auf ein Minimum reduzieren. Für ihn reichen diese wenigen Sachen vollkommen aus, sagt er.

Das bedeutet nicht, dass wir nichts besitzen oder uns nichts mehr kaufen dürfen. Doch wir sollten darüber nachdenken, ob das, was wir haben oder kaufen möchten, wirklich erforderlich ist.

Worin besteht wahrer Reichtum? Meines Erachtens gründet er auf dem täglichen Wohlbefinden, das dadurch entsteht, dass wir uns nur mit den Dingen umgeben, die wir tatsächlich benötigen und auch mögen.

Wir sollten uns daher von allem trennen, was unnötig ist, und unsere Umgebung möglichst einfach halten.

Machen Sie den ersten Schritt hin zu einem unbeschwerten und aufgeräumten Leben. Dieses Buch möchte Sie auf Ihrem Weg begleiten und unterstützen.

Shunmyō Masuno
September 2015 im Tempel Kenkōji

Einleitung

Die Welt, in der wir leben, ist sehr bequem. Wir sind mit materiellem Reichtum gesegnet und von unzähligen Dingen umgeben. Aber sind wir auch innerlich reich?

Vor 150 Jahren, im Übergang von der Edo- zur Meiji-Zeit, besaßen die Menschen in Japan weder Fernseher noch Computer oder Handys. Es gab auch keine Hochgeschwindigkeitszüge oder Flugzeuge.

Wenn materieller Reichtum der Maßstab für Glück wäre, müssten wir im Vergleich zu den Menschen damals um vieles glücklicher sein. Aber wie sieht es in Wirklichkeit aus?

Möglicherweise war das Leben früher erfüllter als heute, denn die Menschen standen in engem Kontakt mit der Natur; sie kannten die körperliche Freude, Felder zu bestellen und deren Früchte zu ernten. Oder sie widmeten sich voller Enthusiasmus dem Aufbau eines neuen Staates.

Was aber können wir heute tun, um ein innerlich erfülltes Leben zu führen?

Ein erfülltes Leben bedarf einer unendlichen Einfachheit, die wir dadurch finden, dass wir uns von allem Überflüssigen und Unnötigen lösen.

Zen lehrt uns eine Methode, um zu dieser unendlichen Einfachheit zu gelangen.

Wenn wir uns konsequent all der unnötigen Dinge entledigen, die wir angesammelt haben, ohne uns dessen bewusst zu sein, erreichen wir den Zustand des *mushin*, in dem wir durch nichts abgelenkt werden und in dem unser Geist und unser Herz frei und offen sind.

In diesem Moment leuchtet unser ursprüngliches Selbst, und unser Herz findet Zufriedenheit.

Heute ist der Begriff »Zen« auf der ganzen Welt verbreitet. Wenn ich in meiner buddhistischen Arbeitskluft, dem *samue,* ins Ausland reise, werde ich immer wieder gefragt, ob ich ein Zen-Priester sei. Ich spüre, wie die Frage nach dem »wahren Reichtum« alle Menschen umtreibt und dass aus diesem Grund das aus dem Fernen Osten stammende Denken des Zen weltweit Beachtung findet.

Eine der wichtigsten Übungen im Zen ist das Putzen.

Wenn Sie einen Zen-Tempel besuchen, werden Sie das verstehen. Sie werden auf dem Tempelgelände kein bisschen Dreck oder Müll entdecken. Die Haupthalle ist immer blitzblank und sauber. Im Zen bedeutet Saubermachen, das Herz von allem Schmutz zu befreien und zum Glänzen zu bringen.

Ich möchte Ihnen zeigen, wie Sie durch Putzen und Aufräumen zu einem einfachen Leben finden, und Ihnen ein paar Tipps geben, um mit der Lehre des Zen ein innerlich erfülltes Leben führen zu können.

Am besten beginnen Sie, wie in dem vorliegenden Buch beschrieben, mit dem Putzen. Nehmen Sie sich am Anfang aber nur vor, was Sie auch bewältigen können.

Vielleicht finden Sie eine Antwort auf Ihre Sorgen.

Vielleicht eröffnet sich Ihnen ein neuer Weg.

Vielleicht entdecken Sie, dass Sie nicht nur im Herzen reicher geworden sind, sondern auch finanziell besser dastehen.

Aber es geht nicht darum, mit dem Putzen etwas zu erreichen. Es geht lediglich darum, sich ganz aufs Putzen zu konzentrieren. Die Resultate stellen sich später ein, unabhängig davon, ob Sie etwas erwarten oder nicht.

In aller Ruhe das zu tun, wozu Sie in dem Moment in der Lage sind, darin besteht der Geist des Zen.

Um jeden Tag in seinem ganzen Reichtum zu entfalten, gibt es keine bessere Methode als das Saubermachen. Ich wäre glücklich, wenn Ihnen dieses Buch dabei hilft, künftig ein erfülltes Leben zu führen.

1

Zen lehrt, ein Leben ohne Besitz zu führen

Putzen heißt, das Herz zum Glänzen zu bringen

Im Zen-Tempel sind die Mönche, die sich in der Ausbildung befinden, für das gründliche Putzen am Morgen und Abend zuständig. Sie fegen das gesamte Gelände und wischen sorgfältig die Tempelhalle.

Sie putzen nicht, weil es schmutzig ist. Sie putzen, um ihre Herzen zum Glänzen zu bringen.

Fühlen Sie sich beim Besuch eines Zen-Tempels nicht auch so angenehm erfrischt? Spüren Sie nicht, wie sich Ihr Rücken in dem gepflegten Garten und in der Tempelhalle ganz von selbst in die Länge streckt?

Dass allein schon der Besuch eines Zen-Tempels Wohlgefühl in uns auslöst und unser Geist zu sich kommt, ist nicht der Ansprache durch Worte geschuldet. Es ist der Raum an sich, der zu uns spricht.

Was aber wäre, wenn überall auf dem Gelände Unkraut wüchse oder in der Tempelhalle Müll herumläge? Der Besucher würde sich unwohl fühlen und den Ort so schnell wie möglich verlassen wollen.

Ein wohlgeordneter, schöner Raum wirkt sich auf die Herzen der dort Anwesenden aus. Und das Putzen selbst lässt die Herzen der Menschen erstrahlen.

Bei der Geburt sind unsere Herzen rein wie Spiegel, keine Wolke trübt sie.

Doch im Lauf des Lebens legt sich Staub auf unsere Herzen, und Müll setzt sich in ihnen fest. Das macht uns voreingenommen oder führt zu voreiligen Urteilen. So glauben wir beispielsweise, den Charakter eines bestimmten Menschen genau zu kennen, oder wir sind davon besessen, eine bestimmte Sache unbedingt haben zu wollen. Müll und Staub trüben unsere Herzen, die einst so unbefleckt wie ein Spiegel waren. Aber das müsste nicht so sein.

Wir selbst sind es, die sich von solchen Vorurteilen und Obsessionen verführen lassen und dann darunter leiden. Aus diesem Grund müssen wir unsere Herzen eifrig polieren, damit sich kein innerer Schmutz und Staub daran festsetzen kann.

Ein Gran Schmutz weniger, und schon wird uns leichter ums Herz.

Ein bisschen weggeräumter Müll, und gleich fühlen wir uns erfrischt.

Putzen Sie die Flecken von Ihrem Herzen, damit es in seiner ganzen Reinheit erstrahlt. **Wenn Sie in aufgeräumten Räumen leben, wird sich Ihr Herz nur schwer trüben können.**

Der Sinn des Putzens besteht nicht darin, den Schmutz zu beseitigen.

Der Sinn des Putzens besteht darin, das Herz zum Glänzen zu bringen.

Die Mönche lassen die Korridore wie Spiegel erglänzen

Während ihrer Ausbildung sind die Mönche Tag und Nacht mit Übungen beschäftigt.

Sie übernehmen diverse Aufgaben im Tempel, putzen, arbeiten auf dem Feld und sind für die gesamte Ausstattung des Tempels zuständig. Diese Aufgaben werden als *samu*, das heißt Arbeit, bezeichnet und gelten genau wie das meditative Sitzen, das Zazen, als Übungen. Das Putzen stellt dabei eine wichtige Arbeit dar.

In Tempeln wie dem Eiheiji, dem Haupttempel der Sōtō-Schule in der Fukui-Präfektur, sowie dem Sōjiji in der Präfektur Kanagawa, in denen Mönche ausgebildet werden, beginnt der Tag um vier Uhr morgens. Nachdem sich die Mönche angekleidet und eine Zazen-Sitzung absolviert haben, widmen sie sich dem morgendlichen Gebet, wischen gemeinsam die Böden und frühstücken.

Später am Vormittag putzen sie ein weiteres Mal und dann noch einmal nach dem Mittagessen, also mindestens drei Mal täglich. An Tagen, an denen der Wind viel Staub hereinweht, kommen ein bis zwei zusätzliche Wischgänge hinzu, so dass die Mönche an manchen Tagen bis zu fünf Mal sauber machen.

Deswegen glänzen die Böden auch, als seien sie lackiert. Vor allem die Korridore sind blank wie Spiegel.

Beim Wischen verwenden wir keinerlei Putzmittel, wir putzen nur mit Wasser und einem Scheuertuch.

Die Böden werden dabei so sauber, dass man sich in ihnen spiegeln kann.

Beim Wischen der Korridore stellen sich die Mönche mit ihren Lappen in einer Reihe nebeneinander auf und legen zeitgleich los. Auf allen vieren und mit unbändiger Energie schieben sie ihre Tücher über den viele Meter langen Flur. Am Ende angekommen, drehen sie um und kehren wischend zum Ausgangspunkt zurück. Dort beginnen sie aufs Neue, sodass jeder Mönch seine Bahn insgesamt drei Mal wischt.

Wenn eine Gruppe fertig ist, macht sie sich an anderer Stelle an die Arbeit, und schon kommt die nächste Gruppe und wischt denselben Korridor noch einmal auf dieselbe Art und Weise. Pro Tag wischen also mehrere Dutzend Mönche drei Mal die Korridore. Wen wundert es da, dass sie so schön und sauber sind?

Warum aber muss ein und dieselbe Stelle Dutzende oder Hunderte Male gewischt werden?

Das geschieht, damit dieser schöne Ort in noch größerem Glanz erstrahlt. Durch das ständige Polieren soll er immer reiner werden.

Das bloße Putzen verlangt den Mönchen, die mit ganzem Einsatz dabei sind, eine Menge körperlicher Kraft ab. Im Winter schmerzen die Finger- und Zehenspitzen vor Kälte, und im Sommer ist es so heiß, dass den jungen Männern der Schweiß herunterrinnt.

Doch das Gefühl der Frische, das sie empfinden, wenn sie nach getaner Arbeit den strahlenden Flur betrachten, lässt sich durch nichts ersetzen.

Es ist der Beweis dafür, dass sie ihre Herzen zum Glänzen gebracht haben.

Das Zuhause ist ein heiliger Ort

Wissen Sie, warum wir uns in japanischen Häusern im Eingang die Schuhe ausziehen?

Natürlich tun wir dies auch, um keinen Dreck und Staub ins Haus zu tragen, aber tatsächlich hat es noch eine tiefere Bedeutung.

In alter Zeit wurde *kutsu* 靴, »Schuhe«, mit dem Zeichen沓 geschrieben, dessen zweite Lesung *kegare*, »Unreinheit«, bedeutet. **Sich im Eingang die Schuhe auszuziehen hat also die zentrale Bedeutung, die Unreinheit von draußen nicht mit ins Haus zu tragen.**

»Ein Schritt nach draußen beschert einem sieben Feinde«, heißt es, und diese Redewendung zeigt, dass jeder Gang nach draußen mit Stress verbunden ist.

Selbst wenn wir nur unsere Einkäufe oder irgendeine Kleinigkeit erledigen, kommen wir mit unzähligen Menschen in Kontakt, manchmal ärgern wir uns dabei oder fühlen uns unbehaglich. Auch in der Firma oder Schule kommt es vor, dass wir mit jemandem aneinandergeraten oder dass etwas nicht so läuft, wie wir es wollen.

Zu Hause erholen wir uns von dem Stress und der Erschöpfung, es ist ein wichtiger Ort, an dem wir wieder zu uns selbst finden. Aber was, wenn dort alles in der Gegend herumfliegt? Wir haben am Eingang extra alles Unreine abgelegt, doch jetzt werden wir mit neuem Stress konfrontiert.

Außerhalb des Hauses geben wir uns mehr oder weniger formell. Wir wappnen uns, sind gleichsam »kampfbereit«. Doch wenn wir nach Hause zurückkehren, legen wir unsere Rüstung ab und atmen erleichtert auf. Wir tauschen das öffentliche gegen das private Gesicht.

Tempel und Schreine werden auch als *jōiki* – reine Bereiche – bezeichnet, es sind reine Räume, in denen Buddha oder die Götter zu Hause sind. Wer in Tempeln und Schreinen arbeitet, fegt und wischt sie gründlich, um Buddha und den ehrwürdigen Göttern ein gebührendes Areal zu bieten.

Das Gleiche gilt für unser Zuhause, das wir mit unserer Familie bewohnen. Es sollte ein stets reiner, heiliger Ort sein.

Der Weg zur eigenen Wohnung soll wie der Weg zum Tempel sein

Zu jedem Tempel und zu jedem Schrein gehört der sogenannte *sandō*, der Weg, der zum Heiligtum führt. An dessen Eingang steht ein Tor, bei Tempeln *mon* genannt, bei Schreinen *torii.* Bei den bedeutenden Tempeln und Schreinen ist der Weg zur Haupthalle oder zum Hauptschrein lang und führt zuweilen durch mehrere solcher Tore.

Auf den ersten Blick mag diese Anordnung unnütz erscheinen, aber es gibt einen Grund dafür: »Distanz« und »Zeit« sind wesentliche Faktoren auf dem Weg zum Gebet.

Gäbe es diesen *sandō* nicht, müssten wir, gleich nachdem wir das Tor passiert haben, beten und stünden in der Hetze des Alltags vor Buddha oder den Göttern. Doch in einem solchen Zustand sind wir innerlich nicht bereit.

Der Weg zum Tempel dient also dazu, mit Zeit eine längere Distanz zurückzulegen und sich so körperlich und innerlich vorzubereiten.

Vor dem Gebet ist es üblich, sich an dem steinernen Wasserbecken, das am Rand des *sandō* steht, Hände und Mund zu waschen. Doch dadurch werden nicht nur Hände und Mund, sondern wird zugleich auch das Herz gereinigt.

Ist Ihnen schon einmal aufgefallen, dass über diesem Wasserbecken die Zeichen »Herz waschen« geschrieben stehen? Das bedeutet wortwörtlich, dass wir, bevor wir uns Buddha oder den Göttern zuwenden, das Herz reinigen.

Wie wäre es, wenn Sie sich vorstellten, dass der Weg vom U-Bahnhof bis zu Ihrem Haus ein *sandō* wäre? Der Eingang mit dem Fahrkartenschalter wäre das Tor, und mit jeder Ecke, um die Sie biegen, legen Sie all die Ämter und Rollen ab, die Ihnen in der Welt auferlegt sind. Entledigen Sie sich all der Schilder, die Sie tragen.

Vielleicht wäre es nicht schlecht, dafür ein paar Regeln zu erfinden: »Wenn ich um die letzte Ecke biege und mir keiner mehr entgegenkommt, lockere ich meine Krawatte.« »Im Eingang unseres Apartmenthauses ziehe ich das Jackett aus.« Auch wer mit dem Bus, dem Fahrrad oder dem Auto fährt, tut gut daran, sich Markierungen zu setzen und so für einen Stimmungswechsel zu sorgen. Wenn Sie Ihre Rückkehr nach Hause bewusst gestalten, kommen Sie ganz entspannt dort an.

Die Haustür allein reicht meist nicht, um in eine andere Stimmung umzuschalten. Aus diesem Grund sollten Sie aus Ihrem Nachhauseweg einen *sandō* machen.

Vergessen Sie die Ereignisse des Tages, kehren Sie zu Ihrem ursprünglichen Selbst zurück und öffnen Sie dann die Wohnungstür.

Ich muss nicht eigens erwähnen, dass in dem Moment, in dem Sie Ihre Wohnung betreten, diese sauber sein sollte.

Ein sauberes Zimmer ist eine Selbstverständlichkeit

Nicht wenige Leute behaupten, es mache ihnen nichts aus, wenn ihre Wohnung unaufgeräumt sei. Andere sind sich zwar im Klaren darüber, dass sie sauber machen sollten, aber sie haben keine Zeit und tun daher so, als ob sie den Dreck nicht sähen.

Natürlich stirbt niemand, nur weil sein Zimmer dreckig ist. Und wie groß das Durcheinander auch sein mag, solange wir ein Dach über dem Kopf haben, können uns Wind und Wetter nichts anhaben.

Aber wenn wir bedenken, dass der Zustand unseres Zimmers den Zustand unseres Herzens widerspiegelt … Möchte sich dann nicht jeder sofort ans Aufräumen machen?

Menschen, in deren Wohnung Ordnung herrscht, haben auch in ihren Herzen klare Verhältnisse und werden seltener von unnützen Gedanken und Sorgen geplagt. Sie wissen, wo sich was befindet, und sind nicht ständig auf der Suche danach.

Wenn wir hingegen in unserer Wohnung keinen Fuß vor den anderen setzen können, kommen wir nicht wirklich zur Ruhe. Denn dann müssen wir immer erst alles Mögliche wegräumen oder das, was wir brauchen, finden, bevor wir etwas machen können.

Für wen das kein Problem darstellt, für den ist ein unaufgeräumtes Zimmer eine Selbstverständlichkeit. Er ist daran gewöhnt, dass alles überall herumliegt, doch seine Sinne sind gelähmt.

Das ist äußerst beängstigend.

Betrachten Sie einmal Ihre Wohnung so, als würden Sie jemand besuchen.

Betrachten Sie Ihre Wohnung so, als wäre sie der Spiegel Ihres Inneren.

Was empfinden Sie, wenn Sie Ihren Blick ganz unvoreingenommen durch Ihre Wohnung gleiten lassen?

Buddha Shakyamuni hat einmal gesagt: »Das Herz gerät leicht in Verwirrung. Darum müssen wir es richten.« Bei einer Wohnung ist es dasselbe. Wenn wir unsere Sachen liegen lassen, fliegen sie bald überall herum und werden staubig.

Aber machen Sie sich keine Sorgen, falls es in Ihrer Wohnung momentan drunter und drüber geht.

Sobald Sie in einer aufgeräumten Wohnung leben, merken Sie, wie angenehm das ist. Sie möchten diesen Zustand bewahren, und so wird ein ordentliches Zimmer eines Tages auch Ihnen zur Norm.

Wegwerfen kommt ganz zum Schluss

Beim Aufräumen sollten Sie zuallererst all das, was Sie nicht mehr benötigen, fortschaffen. Wir haben viel zu viele Sachen, die wir nicht brauchen.

Aber den meisten Menschen fällt es wahrscheinlich schwer, Dinge wegzuwerfen.

Deswegen sollten wir vor diesem endgültigen Akt des Wegwerfens ein paar Zwischenschritte einbauen.

Der erste Schritt besteht darin, einem Gegenstand »eine neue Bedeutung zu verleihen«. Das ist ein tief in der japanischen Kultur verwurzeltes Denken, das ursprünglich von der Teezeremonie herstammt. So repräsentieren zum Beispiel die vornehmlich aus Stein und Kies bestehenden Zen-Gärten die große Natur, der weiße Sand steht für das fließende Wasser, während die Steine Berge symbolisieren.

Wir können aus einem Glas, dessen Rand zerbrochen ist, nicht mehr trinken, aber es lässt sich gut als Blumenvase nutzen. Und alte Kleidungsstücke können wir zu Kissenbezügen oder Taschen umfunktionieren.

Überlegen Sie, bevor Sie etwas wegwerfen, ob Sie es nicht für einen anderen Zweck verwenden können. Ein kaputter Gegenstand lässt sich vielleicht noch reparieren, Sie müssen nicht gleich einen neuen kaufen.

Im Zen-Tempel gibt es die sogenannten Vierneuntage, die *shikunichi*. Das sind die Tage mit den Zahlen vier oder neun, an denen wir uns den Kopf rasieren, ein Bad nehmen und kaputte Gegenstände reparieren. An solchen Tagen stopfen wir unsere Gewänder, Stolen und unsere Arbeitskluft. **Wer sich einen festen Tag für das Reparieren von Dingen einrichtet, geht besser mit ihnen um.** Auch verstaubte Elektrogeräte lassen sich bestimmt noch herrichten und wiederverwenden.

Schließlich können wir aussortierte Anziehsachen auch zum Secondhandladen oder auf den Flohmarkt bringen oder Leuten schenken, die sie gebrauchen können. Wegwerfen sollten wir einen Gegenstand erst ganz am Schluss. Es ist der letzte Schritt, nachdem wir diverse Möglichkeiten geprüft und keine Alternative gefunden haben. Wenn wir auf diese Weise mit den Dingen umgehen, schaffen wir nicht nur Ordnung in den eigenen Räumen, sondern lernen zugleich ganz von allein, den Dingen mit Wertschätzung zu begegnen.

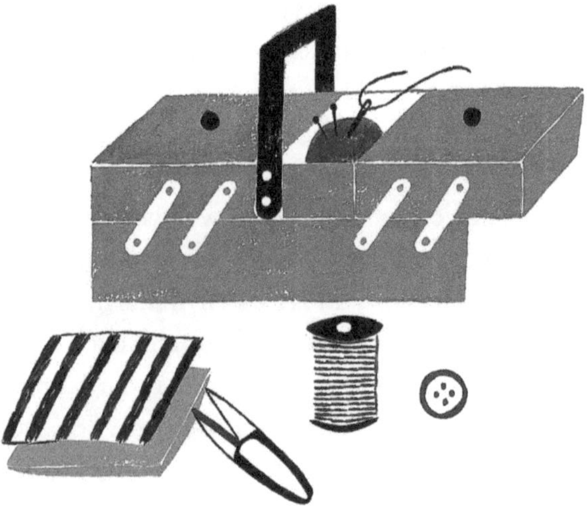

Den Dingen ein zweites, drittes Leben schenken

Bevor wir einen Gegenstand wegwerfen, sollten wir also darüber nachdenken, ob wir ihm nicht eine neue Funktion verleihen können. Das verschafft oft unerwartete Freude und kann uns innerlich bereichern.

Aus dieser Idee heraus entstand auch das Laternenfest, das wir in dem Tempel, dem ich als Hauptpriester vorstehe, am letzten Abend des Jahres veranstalten.

Tagsüber schmücken wir das Gelände mit Bambusstöcken, in die wir insgesamt 3000 Kerzen stellen. Wie wunderschön das aussieht, wenn das Licht der vielen Kerzen durch die dunkle Nacht schwebt! Jedes Jahr kommen die Besucher in Scharen, um sich daran zu erfreuen.

Für die Kerzenhalter verwenden wir Bambus, den wir auf dem Tempelgelände gefällt haben. Da Bambus kräftig wächst, muss jedes Jahr entsprechend viel weggenommen werden, denn sonst hat er nicht genug Platz zum Wachsen, und der gesamte Bestand leidet. Deswegen wird bei uns jedes Jahr eine Menge Bambus gefällt.

Früher wurde dieser einfach weggeworfen, doch wir haben nach einer Verwendung für ihn gesucht und kamen nach vielen Überlegungen schließlich auf die Idee, die Bambusstöcke zu Kerzenhaltern umzufunktionieren. Auch die Studenten der Tama-Kunsthochschule, an der ich unterrichte, führen jedes Jahr im Rahmen einer praktischen Übung Projekte durch, bei denen sie Dinge umfunktionieren und in tollen Inszenierungen darbieten.

Nachdem der Bambus in der Neujahrsnacht als Kerzenhalter das Tempelgelände geschmückt hat, schenken wir ihm noch ein drittes Leben: Nun wird er im Ofen zu Bambuskohle gebrannt. Mit dieser Kohle lassen sich in der Wohnung oder im Kühlschrank Gerüche absorbieren, oder Kalk kann damit aus dem Leitungswasser herausgefiltert werden. Auch der Reis schmeckt besser, wenn ein bisschen von der Kohle dem Kochwasser hinzugefügt wird. Jedes unserer treuen Gemeindemitglieder bekommt am Ende etwas Bambuskohle, und alle freuen sich über dieses praktische Geschenk.

Am glücklichsten aber ist wahrscheinlich der Bambus selbst. Er wurde gefällt, weil er nicht mehr gebraucht wurde, doch nun ist er mit seinem zweiten und dritten Leben vielen Menschen eine Augenweide und kann ihnen nützlich sein. Er hat sein Leben voll und ganz ausschöpfen können.

Hätten wir ihn weggeworfen, wäre er bloß Abfall gewesen. Aber wir haben Zeit und Mühe investiert und ihm eine neue Bedeutung verliehen. **Wenn wir mit Herz und Händen nach neuen Verwendungen suchen, haben die Dinge mehrere Leben.**

Aber nicht nur das. Ein solcher Umgang schafft auch in unseren Herzen neue Freude und neuen Reichtum.

Dinge nicht gleich wegzuwerfen, sondern darüber nachzudenken, wie wir ihnen zu einem anderen Leben verhelfen können, ist das nicht Weisheit?

Sich der wirklichen Verschwendung bewusst werden

Oft hält uns das Gefühl der Verschwendung davon ab, Dinge wegzuwerfen, die wir eigentlich wegwerfen sollten.

Wenn wir Gegenstände aufbewahren, obwohl sie zu nichts nütze sind, befinden sie sich in einem Schlafzustand, in dem sie ihre eigentliche Aufgabe nicht erfüllen können. Sie sind zu totem Inventar geworden. Sie besitzen ein Leben, an dem wir sie hindern. Ist das nicht die wahre Verschwendung?

Wenn wir aber die Entsorgung unnützer Gegenstände aufschieben, richtet das in unseren Herzen Schaden an. Denn jedes Mal, wenn unser Blick auf Dinge fällt, die eigentlich weggeworfen werden müssten, taucht in unserem Hinterkopf der Gedanke auf: »Die sind ja immer noch da. Ich muss dafür sorgen, dass ich sie bald loswerde.« Vielleicht verschwindet dieser Gedanke schon im nächsten Moment, und doch richtet er, wenn er mehrfach wiederkehrt, in unserem Herzen Schaden an, so wie Schläge dem Körper schaden.

Wer hingegen immer gleich aufräumt, fühlt sich in den eigenen vier Wänden wohl und unbeschwert. Ist das Nicht-Wegwerfen nicht die wirkliche Verschwendung?

Vielleicht steckt hinter unserem Verhalten auch die Vorstellung, der Besitz von Dingen sei eine Bereicherung. Aber stimmt das überhaupt?

Im Zen legen wir Wert auf einen schlichten Lebensstil. Wir führen ein einfaches Leben, in dem wir die Verschwendung bei Kleidung, Nahrung und Wohnen so weit wie möglich auszuschließen versuchen. Solch ein Lebensstil wird als wertvoll erachtet.

Denn wir glauben, dass wir so unseren Geist schärfen und der Wahrheit ein Stück näher kommen.

Ein schlichtes Leben zu führen bedeutet jedoch nicht, sich nur mit minderwertigen und billigen Dingen zu begnügen. Wenn wir wirklich etwas brauchen, entscheiden wir uns für hochwertige Produkte, für die wir entsprechend Sorge tragen. Wir benutzen also weder billige Produkte, die schon bald im Müll landen, noch häufen wir unnötige Dinge an.

Zwischen dem Zustand der Wohnung eines Menschen und dem seines Herzens besteht eine enge Beziehung. **Wenn wir in unserer Wohnung von lauter unnützen Dingen umgeben sind, stauen sich auch in unseren Herzen unnütze Emotionen an, die uns unnötig erschöpfen.**

Menschen reagieren auf Veränderungen mit Unsicherheit. Möglicherweise verlangt es Mut, damit Sie Ihr Zimmer verändern, an das Sie so sehr gewöhnt sind, oder um sich von Dingen zu trennen, die Sie immer um sich hatten.

Versuchen Sie, resolut den ersten Schritt zu tun.

Sie werden danach sicher Freude und Klarheit empfinden.

Jeder Gegenstand durchwandert hundert Hände

Es heißt, jeder Gegenstand gehe durch mindestens hundert Hände, bevor er zu uns gelangt.

Ich möchte dies am Beispiel des Gemüses deutlich machen, das wir im Supermarkt kaufen.

Zunächst pflügen die Bauern ihre Felder und säen die Gemüsesamen. Mit viel Sorgfalt ziehen sie die Pflanzen groß und holen schließlich die Ernte ein. Nun bringen sie das Gemüse zu den Verteilerknoten, wo es sortiert, selektiert und in Kisten verpackt mit Lastwagen zu den Großmärkten transportiert wird. Dort erwerben die Einkäufer der Supermärkte und Geschäfte die Waren, die dann von den Zuständigen vor Ort in die Regale geräumt werden.

Aber das ist nicht alles, es sind noch viel mehr Menschen involviert: Einige kultivieren das Saatgut, andere stellen die Kisten und Verpackungen her, in denen das Gemüse verstaut wird, und wieder andere produzieren und warten die Lastwagen, mit denen das Gemüse transportiert wird … Genau besehen sind weit mehr als hundert Menschen an dem gesamten Prozess beteiligt.

So viele Menschen kümmern sich, damit ein einziges Gemüse zu uns gelangt. Selbst bei Produkten, die in großen Mengen hergestellt werden, sind viele Personen mit ihren Gefühlen beteiligt. Angesichts dessen entsteht der Wunsch, nichts mehr zu verschwenden.

Shakyamuni übrigens hat Lumpen, die andere fortgeworfen haben, aufgesammelt und sich aus den noch brauchbaren Teilen eine Stola genäht.

Weil sie aus Stofffetzen bestand, mit denen die Menschen Fäkalien wegputzten, wurde diese Art der Stola *funzōe* genannt, was wortwörtlich »Fäkalienputztuch« heißt, und auch heute noch nähen sich die Mönche dieser Legende entsprechend ihre Stolen aus Fetzen zusammen. Mit ihnen tragen sie auch den Geist Shakyamunis weiter, der keine Verschwendung kannte.

Ein treues Mitglied unserer Gemeinde fertigt schon seit einigen Jahren solche Stolen für mich an. Sorgfältig näht diese Dame aus vielen kleinen Stofffetzen eine Stola für mich. Wenn ich bedenke, wie viel Zeit und Mühe sie dafür aufwendet, empfinde ich große Dankbarkeit.

Ist es angesichts all der Gefühle, die in den Dingen stecken, und all der Zeit und Mühe, die es kostet, bis sie zu uns gelangen, nicht ein natürliches Anliegen, gut mit diesen Dingen umzugehen?

Sich jeden Tag unbekümmert ans Putzen machen

In Indien, wo der Buddhismus herstammt, lebten die Mönche nur von Almosen. Ihre Aufgabe waren die asketischen Übungen. Sie gingen keinerlei Arbeit nach. Nahrung, Kleidung und was sie sonst zum Leben benötigten, bestritten sie ganz allein von erbettelten Lebensmitteln und Almosen.

Als der Buddhismus später nach China gelangte, errichteten die Mönche ihre Tempel inmitten der Berge, und da sie nun nicht mehr um Almosen betteln konnten, bestellten sie Felder und schlugen Brennholz, um dort in der Abgeschiedenheit leben zu können.

Im Zenbuddhismus wurden alle diese Arbeiten Teil der Übungen. Damit begann die Arbeit im buddhistischen Sinne, *samu,* von der ich bereits gesprochen habe.

Von dem chinesischen Zen-Meister Baizhang Huaihai, der während der Tang-Dynastie lebte, wird der folgende Ausspruch überliefert: »Ein Tag ohne Arbeit, ein Tag ohne Essen.« Heute würden wir den Satz dahingehend interpretieren, dass, »wer nicht arbeitet, kein Recht zu essen hat«, aber tatsächlich hat Baizhang seine Worte nicht so gemeint.

Sie bedeuten vielmehr, dass jeder, der sein Tagewerk tut, seine tägliche Ration zu essen bekommt. Wer jeden Tag ohne Versäumnis seiner täglichen Arbeit nachgeht, nimmt die für diesen Tag bestimmte Nahrung zu sich. Baizhang wollte damit deutlich machen, wie wichtig es ist, die tägliche Arbeit zufriedenstellend zu verrichten.

Baizhang soll auch im hohen Alter von über achtzig Jahren noch jeden Tag auf dem Feld gearbeitet haben. Seine Schüler konnten das nicht länger mitansehen und versteckten eines Tages heimlich die Arbeitsgeräte. Doch als der Meister daraufhin keine Nahrung mehr zu sich nahm, brachten sie ihm die Gerätschaften schnell wieder zurück. In diesem Moment soll Meister Baizhang die eben zitierten Worte gesprochen haben.

Das Denken des Zen ist sehr einfach: Wir sollen jeden Tag unbekümmert der für diesen Tag anstehenden Arbeit nachgehen.

Wenn wir unser Zimmer unaufgeräumt lassen, wird es nicht von allein in Ordnung kommen.

Der Schmutz verschwindet nicht von selbst, ein Zimmer wird nicht von alleine sauber.

Das heißt auch: Wer in einem schmutzigen Zimmer wohnt, dessen Herz wird nicht glänzen.

Um also unser Herz zu reinigen, sollten wir jeden Tag den Teil putzen, den wir uns für diesen Tag vorgenommen haben. So wird nicht nur das Zimmer sauber, sondern auch unser Herz kommt zur Ruhe.

In einem unordentlichen Zimmer leidet das Herz unter ständigem Rauschen

Von überall her prasseln Informationen auf uns ein: Internet, Handy, Fernsehen, Zeitungen ... Wir bewegen uns gleichsam in einem Meer von Informationen.

Besonders das Internet und die Mobiltelefone haben unseren Alltag auf dramatische Weise verändert.

Zweifellos sind Informationen nützlich, doch welche brauchen wir wirklich?

Möglicherweise gibt es zu viele Informationen. Sie rauben uns die Zeit und wecken Ängste und Begehrlichkeiten.

Im Strudel der Informationen gerät bei vielen Menschen aus dem Blick, was sie tatsächlich tun wollen. Je mehr Informationen wir bekommen, umso größer ist die Verwirrung und umso mehr Menschen verlieren die Orientierung.

Um von all den Informationen nicht in die Irre geführt zu werden, ist es extrem wichtig, dass wir uns auf unser ursprüngliches Selbst besinnen.

Aber wie machen wir das?

Ganz einfach: Indem wir uns ein schönes Zuhause schaffen.

Wenn wir in klar geordneten Räumen wohnen, kommt vor allem unser Herz zur Ruhe. **Wenn unsere Wohnung aufgeräumt ist, ordnet sich auch unser Herz und findet Klarheit.** Wir können das Schöne unmittelbar als schön empfinden. In unordentlichen Räumen aber liegt immer eine Art Rauschen in der Luft. In einer solchen Umgebung kommen wir nicht richtig zur Ruhe. Unser Herz ist von Geräuschen besetzt, es ist, als hätten wir ständig eine beschlagene Sonnenbrille auf.

Geräusche sind, anders gesagt, störende Gedanken. Es sind Obsessionen, Illusionen und Zweifel. Wer von solch störenden Gedanken in Beschlag genommen ist, nimmt gar nicht wahr, wie hübsch die Blumen am Wegesrand sind, und läuft einfach an ihnen vorbei.

Der Zustand unserer Wohnräume spiegelt sich auch in unserem Leben und Handeln wider.

Wenn wir die beschlagene Sonnenbrille absetzen und die Natur so sehen, wie sie ist, und uns selbst so, wie wir sind, können uns all die Informationen nichts mehr anhaben.

Erst in diesem Moment bekommen wir zum ersten Mal eine Vorstellung davon, was wir eigentlich machen sollten.

In jedem Menschen strahlt eine Buddha-Natur

»Welches Amulett würden Sie mir empfehlen? Welches wirkt am besten?«

Immer wieder stellen mir Besucher unseres Tempels diese völlig ernst gemeinte Frage. Ich antworte dann:

»Es geht nicht darum, ob ein Amulett wirkt oder nicht wirkt. Das Amulett ist der Stellvertreter unserer Buddha-Statue. Sie müssen sorgsam damit umgehen, es gut verwahren und beschützen. Wenn Sie darüber nachdenken, wie Sie unseren Buddha schützen können, werden Sie wohl ganz von selbst nichts Unüberlegtes tun. Und dadurch werden Sie selbst beschützt.«

Wir können nicht einseitig aus Buddha Nutzen ziehen. Der Nutzen besteht darin, dass wir selbst Buddha beschützen wollen und dementsprechend besonnen und umsichtig handeln.

Und jeder hat die Kraft dazu.

Im Zen sprechen wir vom »ursprünglichen Selbst«.

Das ursprüngliche Selbst ist das reine, unschuldige Selbst, auf das keine Wolke ihren Schatten wirft. Es ist die Buddha-Natur, wie wir sie bei unserer Geburt besitzen und die vom gleichen Wesen ist wie Buddha selbst.

Ja, in jedem von uns wohnt ein Herz, das so schön ist wie das des Buddha.

Wenn sich jemand seiner Buddha-Natur bewusst wird, nennen wir das *satori* – Erleuchtung.

Da jeder eine Buddha-Natur besitzt, können wir eigentlich alle Erleuchtung erlangen. Aber tatsächlich ist das nicht so einfach. Wir alle müssen tagtäglich diverse Rollen erfüllen. Eine verheiratete Frau beispielsweise, die berufstätig ist, hat mehrere Rollen: In ihrer Firma ist sie Angestellte, zuhause Mutter und Ehefrau, und wenn sie zu Ihren Eltern fährt, Tochter. Wie ihr geht es bestimmt vielen von uns.

In der Hektik des Alltags setzen sich Gier, Obsession, Wut und Zweifel wie Fettschichten an unserer schönen Buddha-Natur fest.

Wir putzen, um diese Schichten loszuwerden und unsere wahre Buddha-Natur zum Glänzen zu bringen.

Wir sollten voller Sorgfalt putzen, denn je mehr wir putzen, desto heller leuchtet unsere Buddha-Natur. Das ist eine der Übungen im Zen.

Doch zuvor gibt es etwas, das wir nicht vergessen dürfen:

Wir müssen zuallererst die Buddha-Natur in uns selbst erkennen.

Das kostbare Selbst braucht einen angemessenen Ort

Wir alle glauben, wir würden ein unabhängiges Leben führen.

Aber betrachten Sie doch einmal Ihren Körper: Ist irgendetwas daran, was Sie selbst geschaffen haben?

Egal welche Stellung Sie bekleiden oder wie viel Geld Sie besitzen, ein Leben können Sie nicht erschaffen. Sie kriegen nicht einmal ein Haar oder einen Zehennagel zustande.

Doch wer hat Ihnen dieses Leben geschenkt? Es sind Ihre Vorfahren, Ihre Eltern, Großeltern und Urgroßeltern ... Wenn Sie zehn Generationen weit zurückgehen, sind das bereits 1024 Vorfahren. Noch einmal zehn Generationen weiter sind es eine Million. Bei 30 Generationen haben Sie eine Milliarde zusammen, eine vielleicht schwindelerregende Zahl, doch wenn nur einer in der Reihe fehlte, gäbe es Sie heute nicht.

Sie existieren, weil Ihre Vorfahren über einen langen Zeitraum hinweg ihr Leben gelebt und die familiäre Linie fortgesetzt haben. Ihre Geburt könnte durchaus als Wunder bezeichnet werden.

Unsere Körper leisten Großartiges. Auch im Schlaf schlagen unsere Herzen ohne Unterlass, und jeden Morgen erwachen wir und sehen einem neuen Tag entgegen.

Wir haben diese Körper von unseren Vorfahren erhalten. Spüren wir angesichts dessen nicht automatisch Dankbarkeit in uns aufkommen? Wird uns nicht bewusst, wie kostbar unser Leben ist?

Dieses kostbare Leben, das in einer ununterbrochenen Linie von Ihren Vorfahren bis zu Ihnen reicht, gehört jedoch nicht Ihnen allein. Es wurde Ihnen gleichsam von Ihren Vorfahren anvertraut.

Etwas, was uns anvertraut wurde, müssen wir irgendwann auch wieder zurückgeben. Und zwar an den Ort, wo unsere Vorfahren sind. Im Buddhismus ist dies das Buddha-Land. Bis zu dem Zeitpunkt, an dem unser Leben zu Ende geht, müssen wir daher sorgsam mit ihm umgehen.

Natürlich dürfen wir den uns anvertrauten Körper weder misshandeln noch unserem Leben selbst ein Ende setzen. Wir tragen alle gleichermaßen die volle Verantwortung für dieses Leben, das uns anvertraut wurde. Genauso tragen wir dafür Sorge, dass sich unser kostbares Ich in einer guten Umgebung befindet.

Oder würden Sie ein Ihnen anvertrautes Gut im Schmutz stehen lassen?

Den Wandel der Jahreszeiten im Raum der Leere genießen

Würde man das Charakteristische der traditionellen Architektur Japans mit einem Wort benennen wollen, so wäre es die »Leere«.

In der japanischen Architektur sind die Räume eines Hauses nur durch Wände, Pfeiler und Schiebetüren getrennt. Es gibt so gut wie kein überflüssiges Dekor. Doch werden die Schiebetüren zum Garten hin geöffnet, hat der Betrachter das Gefühl, als könne er den Garten mit Händen greifen. Auch im Innern des Hauses sind die Jahreszeiten stets präsent, die Schönheit der Natur draußen hebt sich vor der Leere im Innern ab. Diesen für japanische Häuser typischen leeren Raum nenne ich den »Raum der Leere«.

Im Gegensatz dazu ist die westliche Architektur das Kondensat des guten Geschmacks. Die Räume sind mit feinen Einrichtungsgegenständen wie Tischen und Stühlen möbliert. Die Wände sind den Neigungen der Bewohner entsprechend geschmückt, vornehmlich mit Bildern, von denen es in manchen Häusern so viele gibt, dass man den Eindruck gewinnen kann, in einem Museum zu sein. In westlichen Häusern geht es vor allem darum, den guten Geschmack des Hausherrn herauszustellen.

Hier lässt sich deutlich der Unterschied zwischen der japanischen und der westlichen Ästhetik erkennen.

Während die Bewohner der westlichen Welt mit ihren dicken Wänden eine klare Grenze zwischen Wohnraum und Natur ziehen und das Schöne in ihrem eigenen Geschmack finden, **besteht die Ästhetik der Japaner darin, im Einklang mit der Natur zu leben und deren Wechselspiel zu genießen.**

Wir Japaner haben schon immer die frische und wohltuend schöne Leere der Räume mit einem zur Saison passenden Arrangement bereichert und uns so am Wandel der Jahreszeiten erfreut.

Früher wurden auch diverse Einrichtungsgegenstände wie Schiebetüren, Wandschirme und andere Schmuckobjekte den Jahreszeiten gemäß ausgetauscht, doch das ist heute nicht mehr praktikabel. Auch Bildrollen, Kimonos und Essgeschirr wurden je nach Jahreszeiten unterschieden, und da all diese Din-

ge aufbewahrt werden mussten, besaßen die alten Häuser entsprechende Speicher.

Es gehörte zur japanischen Lebensart, jede der vier Jahreszeiten in einfachen und leeren Räumen intensiv zu genießen.

Heute wohnen wir auf viel beengterem Raum, doch auch wir können mit kreativen Ideen die Natur in unser Leben einbeziehen. Dafür müssen wir jedoch zuallererst einen wohltuenden Raum der Leere schaffen.

Alles hat einen Platz, an den es gehört

Befindet sich in Ihrer Wohnung alles dort, wo es hingehört?

Auf dem Sofa liegen Ihr Jackett und Schlafanzug, wahrscheinlich haben Sie die Sachen einfach dort vergessen. In der Ecke des Wohnzimmers stapeln sich Zeitungen und Zeitschriften, die Sie längst wegwerfen wollten. Und obwohl es schon lange Sommer ist, steht immer noch der Heizofen herum, im Winter ist es der Ventilator …

Sollte dieses Szenario auf Sie zutreffen, befinden sich Ihre Sachen nicht dort, wo sie sein sollten – und das ist ein Zustand, der sicherlich nicht angenehm ist.

Die Redewendung »alles hat einen Platz, an den es gehört« verkörpert im Zenbuddhismus eine Wahrheit und ein Ideal.

Alle Dinge haben ihren Ort, manche gehören in den Flur, andere ins Wohnzimmer, wieder andere ins Schlafzimmer. Alles sollte sich ordentlich aufgeräumt an dem Platz befinden, an den es gehört. So sieht der Idealzustand von Räumen aus, in denen unser Herz zur Ruhe kommen kann.

Bei der Gestaltung japanischer Gärten liegt das Hauptaugenmerk darauf, die Materialität von Steinen oder Bäumen zur Geltung zu bringen.

Zu diesem Zweck werden jeder einzelne Baum und jeder einzelne Stein genau betrachtet und so positioniert, dass Form und Farbe so gut wie möglich zur Geltung kommen.

Derselbe Stein kann, ein wenig gedreht, ein ganz anderes Wesen entfalten. Er soll so platziert werden, dass sein Wesen erstrahlen kann. Ein Baum wird an den Platz gepflanzt, an den er gehört. So entsteht im ganzen Garten Harmonie.

Analog zur Gartengestaltung schaffen wir auch im Haus Ordnung. Auch dort ist die Harmonie des Ganzen wichtig.

Jeder Raum hat einen eigenen Zweck und ein dementsprechendes Erscheinungsbild. Wie wäre es, wenn Sie einmal darüber nachdächten, wie Sie selbst den Eingangsbereich sowie das Wohn- und Schlafzimmer idealerweise gestalten würden? Wenn Sie eine Idee vor Augen haben, wissen Sie sicherlich auch, wie Sie dort am besten für Ordnung sorgen. **Wenn Sie harmonische Räume schaffen, stellt sich auch im Herzen Harmonie ein.**

2

Einfache Zen-Techniken fürs Putzen und Aufräumen

Die Putztechniken der Mönche

Die Zeit nutzen und sich ganz dem Putzen widmen

Das Leben der Mönche, die sich zur Ausbildung im Zen-Tempel aufhalten, ist durch genaue Etikette und strenge Vorschriften geregelt. Diese reichen vom Waschen und Baden über das Essen, die Art zu gehen bis hin zum Schlafen. Am Anfang der Ausbildung – wenn die Mönche mit den Übungen beginnen – stehen sie selbst im Schlaf unter Spannung. Immer mal wieder macht sich einer der Anwärter davon, weil er das strenge Leben nicht erträgt.

Ich werde im Folgenden nicht näher auf den Inhalt der Übungen eingehen, doch in ihrem Zentrum steht das Zazen – das meditative Sitzen.

Der Tag beginnt für die angehenden Mönche morgens in aller Frühe mit dem Zazen der Morgendämmerung und endet nach dem Abendessen mit dem Zazen der Nacht. In besonderen Übungsphasen praktizieren die Mönche von etwa drei Uhr morgens bis neun Uhr abends Zazen, unterbrochen nur von einer Toilettenpause und dem gemeinsamen Gehen, das unter Anleitung und schweigend stattfindet.

Wie Zazen eine »Übung in Ruhe« ist, so ist das Putzen eine »Übung in Bewegung«.

Sobald die Trommel erklingt, laufen die Mönche

mit schnellen Schritten los und fangen alle zeitgleich an zu putzen. Sie tun dies schnell und konzentriert auf ihre Arbeit. Es gibt keine Zeit, miteinander zu sprechen. Lässt ihre Aufmerksamkeit auch nur einen Moment nach, werden sie vom dienstälteren Mönch laut ermahnt.

Der Wechsel zwischen Zeiten der Bewegung und Zeiten der Ruhe, in denen die Mönche Zazen praktizieren, ist sehr wohltuend. Alle sind äußerst motiviert und strengen sich an, um ihr Herz zum Glänzen zu bringen.

Die Qualität der Zeit wird dadurch bestimmt, wie wir die Zeit verbringen.

So ist es beispielsweise ein wesentlicher Unterschied, ob wir fünfzehn Minuten lang nur halbherzig vor uns hin putzen oder ob wir dies mit vollem Einsatz tun.

Wenn Sie mit dem Putzen beginnen, sollten Sie als Erstes den Fernseher und den Computer ausschalten. Packen Sie auch alle anderen Geräte und Papiere weg, die Sie bis dahin benutzt haben.

Beschließen Sie, sich ganz dem Putzen zu widmen und Ihr Herz zum Glänzen zu bringen.

Wenn Sie mit dem Gefühl putzen, eigentlich »gar keine Lust zu haben«, oder wenn Sie Putzen als lästig empfinden, können Sie Ihrem Herzen keinen Glanz verleihen. Folglich lässt auch die Effizienz Ihrer Arbeit zu wünschen übrig. Sie sollten sich daher mit vollem Elan ans Putzen machen. Dann wird ein frischer Wind Ihr Herz umwehen.

Mit offenem und freiem Geist den Körper bewegen

Wenn ich beim Putzen daran denke, dass ich gerade mein Herz poliere oder dass ich den Dreck und Staub von meinem Herzen fege, nehme ich die eher lästige Betätigung ganz anders wahr. Gehen Sie noch einen Schritt weiter und nehmen Sie sich Folgendes vor:

Wenn ich fege, konzentriere ich mich ganz aufs Fegen.

Wenn ich wische, konzentriere ich mich ganz aufs Wischen.

Widmen Sie sich nur dieser einen Sache und werden Sie eins mit ihr.

Schieben Sie Ihre täglichen Sorgen, Klagen und Unzufriedenheit zur Seite. Machen Sie Ihren Kopf frei von allen Gedanken und konzentrieren Sie sich auf die Arbeit, die vor Ihnen liegt. Dann kommt Ihr Herz von selbst zur Ruhe, und Sie können sich ganz dem Putzen widmen.

Anfangs haben die angehenden Mönche vom Putzen keine Ahnung. Sie bekommen im Tempel auch keine speziellen Techniken beigebracht. Sie lernen alles mit dem Körper.

Wenn die Mönche beispielsweise den Lappen, mit dem sie den meterlangen Korridor eines Tempels wischen, zu kräftig auswringen, ist er irgendwann so trocken, dass sie zwischendurch mit ihm hängen bleiben. Um den ganzen Flur in einem Rutsch wischen zu können, dürfen sie den Lappen nur locker auswringen. Das sind Techniken, die sie durch körperliche Erfahrung erlernen.

Wenn Sie beim Putzen nicht richtig bei der Sache sind, bleibt es immer eine Plackerei. Wenn Sie aber mit freiem Kopf, ohne an etwas zu denken, Ihren Körper einsetzen, wird Putzen zu einer Übung, mit der Sie Ihr Herz zum Glänzen bringen. Dabei kommen Ihnen auch automatisch Ideen, wie Sie Ihre Arbeit noch verbessern können.

Der zenbuddhistische Mönch Ryōkan, der in der Edo-Zeit lebte, hat uns die folgenden Worte hinterlassen:

»Ohne Gedanken lockt die Blume den Schmetterling, und der Schmetterling sucht ohne Gedanken die Blume.«

Die Blume blüht nicht, weil sie den Schmetterling anlocken möchte. Und auch der Schmetterling fliegt nicht verzweifelt umher, weil er die Blume sucht. Es ist die Vorsehung der Natur, dass die Blume blüht und der Schmetterling herumflattert und beide aufeinandertreffen.

Wir sollten uns ohne unnötige Absichten, so wie wir gerade sind, in jedem einzelnen Moment dem widmen, was vor uns liegt. Dann ist alles vollkommen. Auch beim Putzen können wir allein dadurch, dass wir den ganzen Körper zum Einsatz bringen, einen neuen Zustand erreichen.

Alles sofort wieder an seinen Platz zu räumen verhindert Unordnung

Die angehenden Mönche haben nur das Allernotwendigste bei sich. Außer ein paar vorgeschriebenen Dingen wie dem Essgeschirr, den Kleidern zum Wechseln und den Waschutensilien geben sie ihr gesamtes privates Hab und Gut beim Eintritt in den Tempel ab.

Was die Mönche für den Alltag brauchen, verstauen sie in einer für sie bestimmten Kommode, in der jedes Ding ausnahmslos seinen festen Platz hat. Es gehört zu dem stetig wiederkehrenden Arbeitsablauf, die im Alltag benutzten Gegenstände nach Gebrauch ordnungsgemäß an den Platz zurückzutun, der ihnen bestimmt ist.

Beim Essgeschirr beispielsweise werden alle fünf ineinanderpassenden Lackschalen für gewöhnlich zusammen in ein kleines Seidentuch eingeschlagen.

Vor dem Essen werden die Schalen nach genauen Regeln ausgepackt und nach dem Essen mit warmem Wasser und dem *setsu*, einem brettartigen Holz, um das vorne ein Stück Stoff gebunden ist, gründlich abgewaschen. Dann werden sie wieder ineinandergelegt und in das Seidentuch gewickelt. Das Ganze ist ein festgelegter Bewegungsablauf.

In dem Einen spiegelt sich das Ganze: **Wer konsequent der Regel folgt, alles gleich nach Gebrauch**

wieder an seinen Platz zu stellen, verschwendet keine Zeit mit Suchen. Und natürlich entsteht so auch keine Unordnung.

Sollte Ihr Zimmer, obwohl Sie gründlich aufgeräumt haben, sofort wieder in Unordnung geraten, liegt das daran, dass Sie nicht alles gleich nach Gebrauch an seinen Platz zurückgestellt haben. Sie haben Dinge mit ins Zimmer gebracht und nicht wieder dorthin geräumt, wo sie hingehören.

Auf dem Tisch liegen Briefe und irgendwelche Unterlagen, die Sie sich angeschaut haben. Über dem Stuhl hängen Ihr Sakko und der Mantel, so wie Sie beides nach Ihrer Rückkehr dort abgelegt haben. In der Ecke stehen die Einkäufe.

Unterläuft Ihnen diese Nachlässigkeit vielleicht ganz unbewusst?

Möglicherweise denken Sie: »Das räume ich nachher weg«, doch bevor dieses Nachher eintrifft, müssen Sie schon wieder etwas anderes erledigen, wofür Sie wieder andere Dinge benutzen, die Sie auch irgendwo liegen lassen. Und so herrscht in Ihrem Zimmer schließlich ein einziges Durcheinander.

Bei der Arbeit ist es genauso. Ein neuer Auftrag kommt herein, und Sie machen sich daran, ohne die vorherige Arbeit beendet zu haben, sodass Sie am Ende den Überblick verlieren. Wenn Sie mehrere Projekte parallel bearbeiten, sollten Sie immer erst eines bis zu einem bestimmten Punkt fertigstellen und sich dann der nächsten Aufgabe zuwenden.

Sie sollten immer eine Aufgabe nach der anderen angehen und zu Ende bringen. Und nachdem Sie etwas benutzt haben, sollten Sie es unbedingt an seinen ursprünglichen Ort zurückräumen. Wenn Sie diese Regeln konsequent beherzigen, wird es in Ihrem Zimmer auch keine Unordnung mehr geben.

Zum Putzen reicht einfaches Gerät

»Heute mache ich sauber«, beschließen manche Leute und kaufen, bevor sie überhaupt loslegen, zuallererst einmal jede Menge Putzmittel und Geräte ein.

In Supermärkten und Großmärkten gibt es diverse Superreiniger, mit denen sich der hartnäckigste Schmutz entfernen lässt, und lauter praktisches Gerät zum Saubermachen. Es ist verständlich, dass viele Menschen glauben, solche Dinge würden das Putzen erleichtern.

Aber zum Putzen reicht einfaches Gerät. Unsere Mönche benutzen nur vier Dinge: Besen, Scheuerlappen, Staubwedel und Eimer, mehr nicht.

Mit Besen und Staubwedel fegen sie Abfall und Staub weg. Mit dem Scheuerlappen wischen sie die Böden. Staub fegen und Dreck wegwischen. Im Grunde genommen handelt es sich um diese zwei Arbeiten.

Natürlich benötigen wir im normalen Haushalt Putzmittel, um die Ölflecken in der Küche zu beseitigen und um den hartnäckigen Schmutz in Bad und Toilette zu lösen. Für die Rinnen an den Fensterrahmen und für die Ritzen zwischen den Möbeln lassen sich vielleicht auch alte Zahnbürsten oder mit Stoff umwickelte Einwegstäbchen verwenden.

Seit einigen Jahren gibt es auch umweltfreundliche Putzmittel mit Natriumkarbonat und Zitronensäure, die auszuprobieren sich lohnt.

Aber wir müssen nicht für jeden Zweck spezielle

Reiniger kaufen oder Mittel, von denen wir nach ein- oder zweimaliger Verwendung schon wieder genug haben.

Heutzutage kommen ständig neue Putzmittel und Utensilien auf den Markt, für die im Fernsehen und in der Presse Reklame gemacht wird. Es ist nur logisch, dass dadurch immer neue Wünsche geweckt werden.

Aber es ist eine Illusion zu glauben, Sie könnten mit diesen praktischen Geräten und speziellen Reinigern schneller und besser sauber machen. Sie sollten immer daran denken, dass unsere Gier keine Grenzen kennt. Wir kaufen ein Produkt und wollen gleich schon das nächste, das neuere haben.

Genügsamkeit bedeutet, sich begnügen zu wissen. **Sich zufriedenzugeben mit den Dingen, die einem momentan zur Verfügung stehen.**

Beim Putzen bringen wir unsere Körper zum Einsatz, und wir brauchen Zeit. Das können uns Putzmittel und Geräte nicht abnehmen. Wer aber mit dem ganzen Herzen dabei ist, der braucht weder Superreiniger noch spezielles Gerät.

Mit selbst gemachtem Gerät bereitet Putzen Freude

Ich habe Ihnen bereits von dem als Kerzenhalter wiederverwendeten Bambus erzählt. Tatsächlich stellen wir bei uns im Tempel noch etwas anderes aus dem Bambus her, Besen nämlich, mit denen wir das Tempelgelände fegen.

Im Herbst ist es eine unserer Aufgaben, das herabgefallene Laub auf dem weitläufigen Tempelgelände aufzukehren. Dabei erweisen sich die selbst gemachten Bambusbesen als äußerst praktisch, auch weil wir ihre Größe selbst bestimmen können. Für das Säubern der Rinnen beispielsweise und anderer schmaler Stellen fertigen wir Minibesen an, die nicht länger als dreißig Zentimeter sind.

Die Herstellung ist einfach: Die Zweige werden alle auf eine Länge geschnitten und oben zusammengebunden. Da die Besen nach Bedarf gefertigt werden, kommen sie vor Ort optimal zum Einsatz.

Mit selbst gemachtem Gerät bereitet Putzen Freude. Die Begeisterung wiederum, den eigenen Erfindergeist einzusetzen und etwas zu schaffen, beflügelt das Herz.

Für gewöhnlich neigen wir in unserem geschäftigen Alltag dazu, Geräte zu kaufen, die wir nicht zur Hand haben. Wenn Sie sich jedoch ein wenig Zeit nehmen und solche im Alltag notwendigen Gegenstände selbst anfertigen, kann Ihnen das unerwartete Freude bereiten.

Heutzutage werden sogar die Putzlappen, mit denen die Grundschüler in den Schulen die Böden putzen, im Supermarkt gekauft. Darin zeigt sich schon der Zustand unserer heutigen Gesellschaft, wenn man bedenkt, dass früher alle zu Hause alte Lumpen als Putzlappen benutzten. **Wir können heute beispielsweise ausgemusterte Handtücher oder T-Shirts als Putzlumpen verwenden und ihnen dadurch eine neue Funktion verleihen.**

Vielleicht sollten wir uns den bescheidenen Lebensstil der Japaner von damals vor Augen halten, als sie sich noch Zeit nahmen und den Dingen Respekt erwiesen. Versuchen Sie doch einmal, ein Gerät fürs Putzen selbst zu fertigen, das Sie dann jeden Tag benutzen. Möglicherweise stellt sich dadurch in Ihrem Leben ein innerer Freiraum ein, der für gewöhnlich in Vergessenheit gerät.

Ein Leben ohne Besitz macht froh

Kennen Sie die Redewendung: »Im Wachen ein halber, im Schlaf ein ganzer Tatami«?

Generell kann jeder Mensch im Wachzustand mit der Größe eines halben und beim Schlafen mit der eines ganzen Tatami auskommen. Das obige Sprichwort bedeutet, dass hohe Erwartungen zu nichts führen und dass es wichtig ist, sich mit dem Leben, so wie es ist, zufriedenzugeben.

Die angehenden Mönche leben während ihrer Ausbildung in einem Raum, in dem sie wortwörtlich im Wachen einen halben und im Schlaf einen ganzen Tatami einnehmen.

Dieser Meditationsraum, der ihnen sowohl für ihre Übungen als auch als Wohnraum dient, ist an einer Wand mit einer Reihe Tatami ausgelegt. Jeder Mönch bekommt einen Tatami zugeteilt. Auf diesem einen Tatami findet alles statt: Hier übt sich der Mönch im Zazen, hier nimmt er sein Essen zu sich, und hier schläft er. Die Mönche schlafen, essen und praktizieren Zazen in einer Reihe nebeneinander.

An der Wand befinden sich die Schränke, über denen ein Haken angebracht ist, an dem das Essgeschirr hängt. Im oberen Schrankfach liegt die Kleidung der Mönche, im unteren wird tagsüber der Futon verstaut. Es gibt keine Abtrennung zwischen den einzelnen Tatami. Zum Schlafen rollt jeder Mönch seinen Futon aus, wobei die besonders groß gewachsenen

Männer ihre Füße unten in die Schränke stecken. Manche Mönche leben schon über zwanzig Jahre in diesem aufs Einfachste reduzierten Raum.

Normalen Menschen mag ein Leben auf so wenig Platz, das keinerlei Privatsphäre erlaubt, unbequem erscheinen. Auch die Mönche sind anfangs irritiert. Da auch die Zeit, in der sie schlafen, den Übungen dient, fühlen sie sich ständig unter Druck, sie können sich keinen Moment lang entspannen.

Doch schon bald fühlen sie sich wohl in diesem Leben. **Da es bei den Übungen nichts Unnötiges gibt, schleichen sich keine unreinen Gedanken ein, und die Mönche werden immer weniger durch Gedanken gestört.**

Jeder Tag im Tempel ist streng geregelt, jeder Arbeitsvorgang bis ins kleinste Detail festgelegt. Während die Mönche verzweifelt darum bemüht sind, sich an ihr neues Leben zu gewöhnen, fällt der tägliche Schmutz in Form von Obsessionen und Begierden nach und nach von ihnen ab.

Im Zen gibt es den Ausdruck »im Ursprung ohne jedes Ding«. Das besagt, dass die Menschen ursprünglich keinerlei Besitz haben.

Aber es gibt auch die Redewendung: »Kein Besitz und unerschöpfliche Fülle«. Das bedeutet, dass wir auch ohne Besitz unbegrenzte Möglichkeiten haben. Um diese Möglichkeiten auszuschöpfen, sollten wir genau überprüfen, was wir wirklich zum Leben brauchen und was nicht.

Besitzen Sie momentan tatsächlich nur das, was Sie wirklich benötigen?

Selbstkorrektur verändert den Gesichtsausdruck

Ein halbes Jahr nach ihrer Ankunft im Tempel verändert sich der Gesichtsausdruck der Mönche, er ist jetzt entschlossener und fester. Ihre Bewegungen haben nichts Überflüssiges mehr, und die Gesten sind viel feiner.

Im Tempel leben die Mönche abgeschnitten von den Informationen der Außenwelt, sie haben keinen Zugang zu Fernsehen und Presse. Aufgrund der permanenten Übungen leben sie in ständiger Aufmerksamkeit, vom Aufstehen bis zum Schlafengehen. Dieses Gefühl der Aufmerksamkeit drückt sich unbewusst auch in ihren Gesichtern und in der Körperhaltung aus.

Besonders eindrücklich zeigt sich die Veränderung beim *shuso*, dem Mönch, der zum Anführer der in Ausbildung befindlichen Mönche gewählt wird.

Der *shuso* wird jedes halbe Jahr neu gewählt und muss – bei uns im Daihonzan Sōjiji-Tempel – etwa einhundert Tage lang den über 150 Mönchen als Vorbild dienen.

Er steht eine Stunde früher auf als alle anderen und verrichtet Arbeiten, die keiner gerne übernimmt, wie zum Beispiel die Toilette zu putzen. Er leitet die Übungen an und sorgt dafür, dass alle mitmachen.

Natürlich putzt er die Toiletten nicht, weil sie dreckig sind. Er putzt sie aus eigenem Willen, um sein Herz zu polieren. Er putzt sie so, dass kein Fleck darauf zu sehen ist und alles glänzt. Wer die anderen Mönche anleitet, verrichtet bereitwillig das, was täglich anfällt.

Durch diese Verantwortung gewinnt der leitende Mönch selbst an Größe.

Dabei verändert sich sein Äußeres so rasant, dass der Unterschied für alle deutlich sichtbar wird.

Sein Gesichtsausdruck bekommt etwas Entschlossenes, sein Auftreten ist dynamisch. Die Verantwortung und die Entschiedenheit, mit welchen er den anderen vorsteht, machen sich nach und nach in seiner Körperhaltung bemerkbar und verleihen ihm Selbstbewusstsein.

Im normalen Leben lässt sich eine solche Aufmerksamkeit wahrscheinlich nur schwer aufrechterhalten. Vielleicht besteht auch gar nicht die Notwendigkeit, es so weit zu treiben. Aber wie wäre es, wenn Sie sich hin und wieder in Ihrem Leben und beim Putzen selbst zum Vorbild nehmen würden?

In Ihrem Leben sind Sie der Anführer, niemand sonst.

Korrigieren Sie sich selbst und achten Sie bewusst darauf, Ihre Wohnung sauberer zu halten als für gewöhnlich. Das wirkt sich bestimmt auf Ihre Ausstrahlung und auch auf die Atmosphäre in Ihrer Wohnung aus.

Maßstäbe erleichtern das Leben – Techniken für einen Neustart

Mit einer festgesetzten Frist konzentriert an den Neustart

Wenn Sie mir bis hierher gefolgt sind, ist Ihnen sicherlich klar, was für eine Bedeutung dem Saubermachen und Aufräumen zukommt. Auf den nächsten Seiten wird es darum gehen, wie Sie Ihren Entschluss, Ordnung und frischen Wind in Ihr Zuhause zu bringen, konkret umsetzen können.

Zunächst einmal sollten Sie eine Frist festlegen, innerhalb derer Sie Ihre Wohnung in den Zustand zurückversetzen, in dem sie eigentlich sein sollte. Bestimmen Sie einen Zeitraum und machen Sie sich dann konzentriert ans Putzen und Aufräumen.

Warum ist eine solche Frist notwendig? Um Ihre Wohnung in einen Idealzustand zu versetzen und das damit verbundene Wohlgefühl körperlich wahrzunehmen. **Wenn Sie einmal die Wohligkeit eines richtig aufgeräumten Zimmers erlebt haben, werden Sie diesen Zustand unbedingt beibehalten wollen.** Jetzt haben Sie es fast geschafft. Von nun an müssen Sie nur noch den Status quo halten. Nach dem ersten gründlichen Aufräumen wird Ihnen das Putzen künftig leichtfallen. Auch aus diesem Grund sollten Sie sich unbedingt eine Frist für den Neustart setzen.

Gehen Sie als Erstes alle Ihre Sachen durch und sortieren Sie aus, was Sie nicht mehr benötigen. Bringen Sie alles weg, was entsorgt werden muss, und räumen Sie die übrigen Sachen dorthin, wo sie hingehören. Wischen Sie Staub und gehen Sie mit dem Tuch so oft darüber, bis alles richtig sauber ist.

Da diese Aktion in allen Zimmern anfällt, müssen Sie mehrere Tage veranschlagen, auch wenn Sie manchmal einen ganzen Tag brauchen. Wenn Sie nur am Wochenende Zeit haben, werden Sie wahrscheinlich mehrere Wochen benötigen. Planen Sie so, dass es Ihrem Lebensstil entspricht.

Wichtig ist, nicht auf halber Strecke stehen zu bleiben. Und Sie müssen alles mit den eigenen Händen erledigen. Heutzutage gibt es viele Dienstleister, die Putz- und Aufräumarbeiten übernehmen. In bestimmten Situationen mag solch ein Service hilfreich sein. Prinzipiell aber ist die ganze Unternehmung nur dann sinnvoll, wenn Sie sich selbst dieser Aufgabe widmen.

Meister Dōgen, der Begründer der zenbuddhistischen Sōtō-Schule, hat einmal gesagt: »Der andere ist auf keinen Fall ich.« Das bedeutet, dass der andere nicht ich ist und dass ich keine Übung absolviere, wenn ich ihm die Arbeit überlasse. Aus diesem Grund widmen sich die Mönche mit körperlichem Einsatz ihrer Arbeit und praktizieren Zazen.

Heutzutage tendieren die Menschen stark dazu, alles mit dem Kopf verstehen zu wollen. Aber das ist kein wirkliches »Verstehen«. Wenn Sie im Schweiße Ihres Angesichts Ihren Körper zum Einsatz bringen und danach das Wohlgefühl des aufgeräumten Zimmers körperlich spüren, bleibt dies als eine sinnliche Empfindung in Ihnen zurück. In diesem Moment werden Sie den Nutzen des Saubermachens zum ersten Mal wirklich begreifen.

Ordnung nach Plan

Wenn wir eine größere Veranstaltung organisieren oder ein Projekt ins Leben rufen, machen wir zuallererst einen Plan, legen darin den Ablauf fest, bestimmen, wer was macht und in welcher Reihenfolge dies geschieht.

Genauso gehe ich bei Gartenprojekten vor, an denen ich beteiligt bin. Wann sollte welcher Arbeitsschritt beendet sein, und bis wann müssen wir die einzelnen Abläufe beschließen? Für all dies ist ein exakt ausgearbeiteter Plan notwendig.

Bei der Gartengestaltung vergehen zwischen einem ersten Entwurf und der Fertigstellung oft mehrere Jahre. Ohne einen ordentlichen Plan ist es nicht möglich, den Arbeitern und Technikern Anweisungen geben oder eine Sache zu Ende bringen zu können.

Auch bei einem Neustart in Ihrer Wohnung sollten Sie unbedingt einen Plan erstellen.

Vielleicht sind Sie ja der Ansicht, Sie bräuchten beim Putzen, da Sie dies regelmäßig tun, lediglich dem in Ihrem Kopf gespeicherten Programm zu folgen. Doch auch wenn Ihre Wohnung nur aus wenigen Räumen oder auch nur aus einem Zimmer besteht, handelt es sich, genau besehen, um mehrere Einzelaufgaben.

Wollen Sie den Ablauf ganz Ihrem gewöhnlichen Programm entsprechend bestimmen, werden Sie nicht richtig Ordnung schaffen können.

Doch auch mit einem Plan kommt es, sobald Sie

sich wirklich an die Arbeit machen, oft völlig anders. Vielleicht erscheint Ihnen plötzlich das gesamte Unterfangen zu mühsam, und Sie wollen schon entmutigt aufgeben. Dann können Sie Ihren Plan ändern oder auch einen neuen Plan erstellen. Gehen Sie einfach die auf einem Zettel notierte Abfolge durch und modifizieren Sie sie entsprechend. So vermeiden Sie unnötige Sorgen oder Stress.

Versehen Sie stets jede Aufgabe, die Sie schon erledigt haben, mit einem Haken und machen Sie sich dann voller Befriedigung an die nächste.

Ihr Plan muss nicht perfekt ausgearbeitet sein.

Überlegen Sie zunächst, wo genau Sie sauber machen und was Sie aufräumen wollen. Notieren Sie die Arbeitsschritte und entwerfen Sie einen entsprechenden Zeitplan. Vielleicht können Sie dafür einen Kalender benutzen.

Zuerst Sachen wegtun, die Sie nicht mehr brauchen … dann sauber machen … schließlich Ordnung schaffen und aufräumen: Wenn Sie diesem Ablauf folgen, werden Sie Ihre Arbeit effizient verrichten.

Betrachten Sie Ihren Plan wie eine Art Reiseroute, deren Ziel in einem »schön aufgeräumten Zimmer« besteht. Bevor Sie zu Ihrer Reise aufbrechen, sollten Sie sich eine Vorstellung davon machen, in was für einem Zimmer Sie leben möchten, und einen Zeitplan festlegen, den Sie bis zum Erreichen Ihres Ziels benötigen.

Kriterien fürs Wegwerfen

Sie haben zwar mit dem Aufräumen angefangen, aber es will nicht so recht vorwärtsgehen. Meistens kommen Verzögerungen dadurch zustande, dass Sie unsicher sind, ob Sie etwas wegwerfen sollen oder nicht.

Sie fangen an, in Büchern und Fotoalben zu blättern oder alte Briefe zu lesen, und eh Sie sich's versehen, ist schon fast eine Stunde rum.

Wenn Sie jedes Mal von Neuem darüber nachdenken, ob Sie etwas wegwerfen sollen oder nicht, wird die Zeit nie reichen. Deswegen sollten Sie zuallererst Kriterien fürs Wegwerfen festlegen.

Bei Kleidungsstücken könnten Sie beispielweise das folgende Kriterium testen:

1. Alles, was Sie zwei Jahre lang nicht angezogen haben, wird aussortiert. Dabei spielt es keine Rolle, ob das betreffende Kleidungsstück besonders teuer war oder ob Sie es früher gerne mochten. Was Sie zwei Jahre lang nicht getragen haben, werden Sie in der nächsten Saison kaum wieder anziehen. Prüfen Sie jedoch, bevor Sie es in die Altkleidersammlung geben, ob Sie es nicht zu etwas anderem umfunktionieren oder jemandem schenken können.
2. Anziehsachen, die Sie zwei Jahre lang nicht getragen haben, mit denen Sie aber besondere Erinnerungen verbinden, legen Sie in einen Karton. Solch

geliebte Kleidungsstücke, die Andenken an wichtige Personen sind, die Ihnen jemand geschenkt hat oder die Sie zu besonderen Anlässen getragen haben, müssen nicht unbedingt entsorgt werden. Allerdings sollten Sie beschließen, dass alles, was Sie aufbewahren wollen, in eine Kiste passen muss.

3. Die Kleidungsstücke der letzten Saison behalten Sie. Sehen Sie aber nach, dass keine Löcher oder Flecken darin sind, und reparieren beziehungsweise waschen Sie sie gegebenenfalls.

Wenn Sie beim Aufräumen Ihres Schranks diesen Kriterien folgen, wird es Ihnen leichtfallen, Entscheidungen zu treffen. Das Überprüfen eines Kleidungsstücks kostet Sie nur drei Sekunden. Im Nu sind Sie mit dem Aussortieren fertig. Sie werden auch nicht von schlechtem Gewissen geplagt, weil Sie etwas nie getragen haben und jetzt schon wegwerfen. Und Sie müssen kein unnützes Kleidungsstück extra aufbewahren, nur weil Sie es vielleicht doch noch mal tragen oder weil es so teuer war und es schade wäre, es wegzuwerfen.

Auf diese Weise sparen Sie sehr viel Zeit und Stress beim Entsorgen Ihrer Sachen.

Finden Sie eigene Kriterien, die Ihren Vorstellungen entsprechen.

Wenn Sie nur die Dinge zurückbehalten, die Ihren Kriterien und Gefühlen entsprechen, bekommt Ihr Zuhause eine Einfachheit, die zu Ihnen persönlich passt.

Beim Entsorgen von Geschenken dem Gefühl folgen

Wenn wir ein Zimmer gründlich aufräumen wollen, bereiten uns vor allem Dinge Kopfzerbrechen, die wir geschenkt bekommen haben.

Wir werden in unserem Leben mit diversen Geschenken bedacht: zu Geburtstagen, zur Hochzeit, zur Einschulung und zum Schulabschluss, zum Jahresende und zu den heißen Mittsommertagen. Rechnen wir noch die Prämien und Werbegeschenke hinzu, kommt eine ganze Menge zusammen.

Im ersten Moment freuen wir uns, doch im Lauf der Zeit können Geschenke zur Last werden.

Davon ausgenommen sind natürlich Präsente, die uns gefallen. Wenn sie dies aber nicht tun oder wir sie einfach nicht brauchen, sie aber aufbewahren, weil »wir sie geschenkt bekommen haben« und »es nicht nett wäre denen gegenüber, die uns damit bedacht haben«, gerät die Lage außer Kontrolle.

Auch in solchen Fällen sollten Sie Kriterien zum Entsorgen bestimmen.

Ich empfehle Ihnen, dabei das Gefühl des Schenkenden zum Maßstab zu nehmen. Treffen Sie Ihre Entscheidung danach, welche gefühlsmäßige Bedeutung seitens des Schenkenden dem jeweiligen Gegenstand zukommt.

Wenn Sie beispielsweise wissen, dass sich derjenige besonders bemüht hat, um Ihnen das Geschenk machen zu können, oder dass er es mit großer Leidenschaft selbst gebastelt hat, sollten Sie es auf jeden Fall behalten. Wenn es sich um das Andenken eines verstorbenen Familienmitglieds oder einer anderen für Sie wichtigen Person handelt, das Sie stets bei sich haben möchten, sollten Sie Ihrem Gefühl folgen.

Werbepräsente oder Mitbringsel jedoch, die Gäste aus Höflichkeit mitgebracht und für die Sie keine Verwendung haben, sollten Sie möglichst bald entsorgen.

Manchmal berichten mir Leute, wie schwer es ihnen fällt, Puppen oder Steifftiere wegzuschmeißen. Viele davon haben sie geschenkt bekommen, einige haben sie selbst gekauft, weil sie so süß waren, und plötzlich ist es ein ganzer Haufen. Die Puppen und Tiere sind zwar mittlerweile alt und dreckig, aber die Vorstellung, die geliebten Wesen auf den Müll zu werfen, ist möglicherweise unerträglich.

In solchen Fällen sollten Sie bei einem Tempel oder Schrein um eine Totenandacht für die Puppen bitten, in deren Anschluss diese dort entsorgt werden. Auch wir halten in unserem Tempel solche Totengedenken für Puppen ab.

Sie dürfen nie vergessen, dass das Ziel darin besteht, in einem ordentlich aufgeräumten Zuhause zu wohnen. **Wenn Sie das Kriterium für das Wegwerfen von Dingen danach bestimmen, wie Sie wohnen wollen, werden Sie, egal um was es sich handelt, nie um eine Entscheidung verlegen sein.**

Schnelle Entscheidungen, um sich von Dingen zu trennen

Im Zen kommt dem »Jetzt« eine besondere Wichtigkeit zu.

Wir alle glauben fest daran, dass es ein Morgen gibt, aber wir wissen nicht, wann das Leben eines Menschen zu Ende geht. Oder zugespitzt formuliert können wir jederzeit, so gesund wir auch sein mögen, bei einem Unfall ums Leben kommen. Es gibt auch keine Garantie dafür, dass wir, wenn wir uns abends schlafen legen, am nächsten Morgen wieder aufwachen werden.

Niemand weiß, was im Leben passieren wird.

Es geht nicht um das »Demnächst« oder das »Danach«. Wir leben nur jetzt in diesem Moment. Darum geht es im Denken des Zen.

Wir leben nicht mit dem Ziel auf ein Morgen hin, von dem wir nicht wissen, ob es wirklich kommen wird, wir leben, so gut wir können, den jetzigen Augenblick. **Auch bei den kleinsten Dingen sollten wir nichts außer Acht lassen und alles sofort und korrekt erledigen – und auf diese Weise ein Leben führen, in dem wir nichts bereuen.**

Je mehr unser Herz an etwas hängt, desto schwerer können wir uns davon trennen. Was in den Augen anderer reiner Plunder sein mag, kann für uns einen wertvollen Schatz bedeuten. Auch um Dinge wegzuwerfen, die wir jahrelang gesammelt haben, bedarf es einer resoluten Entscheidung.

Natürlich fällt uns eine solche Entscheidung nicht leicht. Unser Verstand sagt uns zwar, dass wir diese Sachen nicht mehr brauchen, aber unser Gefühl hört nicht unbedingt darauf. Aus der Liebe zu den Dingen wird ein Besitzdenken, das unseren Entscheidungswillen schwächt. Möglicherweise kommen Sie nach langem Hin und Her zu dem Schluss: »Ich muss mich ja nicht unbedingt jetzt entscheiden. Ich mach's das nächste Mal.«

Selbstverständlich können Sie, wenn Sie etwas behalten möchten und genügend Platz dafür haben, dieses an den entsprechenden Ort räumen.

Schwierig wird es, wenn Sie etwas eigentlich wegwerfen wollen, die Entscheidung darüber aber ständig aufschieben.

Jeder von uns scheidet irgendwann von dieser Welt.

Niemand weiß, wann dies geschehen wird, doch um diesem Moment ohne Reue entgegensehen zu können, müssen wir hundertprozentig im Jetzt leben. Das ist die einzige Möglichkeit.

Mit der Hilfe von Freunden geht's leichter zum Ziel

Die angehenden Mönche müssen einiges aushalten, bis sie sich an das Leben der Übungen gewöhnt haben.

Eins dieser Dinge ist der Hunger. Morgens bekommen die Mönche warmen Reisbrei mit Sesamsalz zu essen, mittags und abends gibt es mit Getreide vermischten Reis und Miso-Suppe. Zu allen drei Mahlzeiten wird eingelegtes Gemüse serviert, und bei besonderen Festlichkeiten sowie beim Abendessen gibt es zusätzlich ein wenig gekochtes Gemüse oder dergleichen, doch für die heranwachsenden jungen Männer reicht das nicht. Anfangs werden sie alle fast verrückt vor Hunger.

Außerdem müssen sie sich erst an das harte Sitzen beim Zazen und an den Fersensitz gewöhnen. Wenn sie lange mit verschränkten Beinen oder im Fersensitz dasitzen, schlafen ihnen die Beine ein, und sie haben teilweise mit heftigen Schmerzen zu kämpfen. Da es noch diverse andere strenge Regeln gibt, stehen die Mönche zu Beginn ihrer Ausbildung unter extremer Anspannung.

Nach etwa einem halben Jahr aber haben sie sich an das Leben im Tempel gewöhnt und fühlen sich sogar wohl.

Als ich mit meiner Ausbildung im Tempel begann, waren nach drei Monaten allerdings nur noch etwa acht der zehn Novizen dabei. Auch ich, muss ich ungehörigerweise gestehen, habe zu Beginn mehrfach erwogen, mich aus dem Staub zu machen.

Was mich die Härte der Übungen ertragen ließ, war die Kraft, die ich aus dem Zazen und der Arbeit im Tempel zog. Und es waren meine Kameraden. In bitteren und qualvollen Zeiten haben wir uns gegenseitig ermuntert und angespornt und so die Übungen bis zum Ende unbeschadet durchgestanden.

Freunde sind ungeheuer hilfreich, um ein Ziel zu erreichen. Wie wäre es, wenn Sie sich für den Neustart in Ihrem Zimmer ein paar Putzkameraden zulegten, um nicht auf halber Strecke aufzugeben? Sie könnten sich gegenseitig von Ihren Erfolgen beim Putzen und Aufräumen berichten.

Natürlich können Sie das Putzen auch allein erledigen. **Doch es steigert die Motivation, wenn Sie die Freude über ein aufgeräumtes Zimmer teilen können.** Und sollten Sie einmal versucht sein, das Handtuch zu werfen, können Sie sich zum Durchhalten überreden, indem Sie sich daran erinnern, dass auch Ihr Freund sich alle Mühe gibt.

Das Gefühl der Verbundenheit, das entsteht, wenn Sie sich gemeinsam mit jemandem dem Aufräumen widmen, lässt den Weg bis zum Neustart zum Vergnügen werden. Zudem können Sie sich über Ideen und Methoden fürs Aufräumen und Putzen beratschlagen und kommen so noch effektiver voran.

Wer keine Freunde findet, die mitmachen wollen, kann auch in einem Blog oder über Twitter von seinen Erfolgen berichten. Auf diese Weise lassen sich gewiss Unterstützer und potenzielle Genossen finden.

Bestimmt steigt die Motivation noch, wenn Sie sich zum Ziel setzen, am Ende Ihre Freunde oder Bekannten in die perfekt aufgeräumte Wohnung einzuladen.

Durch das Putzen die Familie verändern

Während Sie voller Eifer die Wohnung putzen und aufräumen, rührt Ihre Familie keinen Finger. Im Gegenteil, die einzelnen Mitglieder lassen zu Ihrem Leidwesen sogar noch mehr Sachen herumliegen.

Solche Klagen höre ich allenthalben. Kein Wunder, dass Sie wütend werden, wenn Sie fleißig sauber machen, während der Rest der Familie völlig gleichgültig dasitzt und das von Ihnen geputzte Zimmer sofort wieder schmutzig macht. Vielleicht haben Sie manchmal sogar Lust, die anderen dafür zu rügen.

Wenn Sie in solchen Momenten den anderen jedoch Vorwürfe machen oder sie zwingen wollen, auch sauber zu machen, wird ein Wort das andere geben und alles im Streit enden. Selbst wenn es Ihnen gelingt, sie zur Mitarbeit zu überreden, werden sie das Gefühl behalten, gezwungen worden zu sein.

Das hinterlässt ein Gefühl der Befangenheit und ist von dem eigentlichen Ziel, mit dem Putzen das Herz zum Glänzen zu bringen, meilenweit entfernt.

Sollten Sie also den Wunsch haben, dass sich Ihre Familie am Putzen beteiligt, gibt es nur eine Strategie: Sie putzen weiterhin, ohne ein Wort darüber zu verlieren, und sorgen dafür, dass die Zimmer auch schön sauber bleiben.

Bei uns im Tempel beispielsweise liegt nicht das geringste bisschen Müll herum, und niemand, der dorthin zum Beten kommt, käme wahrscheinlich auf die

Idee, auf dem Gelände oder in der Tempelhalle irgendetwas wegzuschmeißen. **Die Menschen spüren instinktiv, dass schöne und ordentliche Räume nicht verunreinigt werden dürfen.**

Auch wenn ständig alles Mögliche herumliegt, putzen Sie also fröhlich weiter und räumen stets gut gelaunt auf, um die Wohnung in Ordnung zu halten. Irgendwann wird dem einen oder anderen Mitglied Ihrer Familie bewusst werden, dass auch er in seinem Zimmer Ordnung schaffen sollte.

Trotzdem werden Sie sich manchmal verärgert fragen: »Warum bin denn eigentlich allein ich fürs Putzen zuständig?!«

Doch um es noch einmal zu wiederholen: Der eigentliche Sinn des Putzens besteht darin, das eigene Herz zum Glänzen zu bringen. Denken Sie beim Putzen daran, dass Sie für sich putzen, auch wenn Ihre Familie alles gleich wieder in Unordnung bringt; dann werden Sie auch nicht wütend.

Wenn Sie schweigend putzen und die Zimmer in Ordnung halten, ist das als Botschaft stark genug: »Wir wollen in einer ordentlich aufgeräumten Wohnung wohnen, in der wir uns wohlfühlen.« Vielleicht braucht es eine Weile, aber die Botschaft kommt mit Sicherheit bei den anderen an.

Wer morgens putzt, startet frisch in den Tag

Wenn Sie den Neustart in Ihrer Wohnung geschafft haben und alles so ist, wie es sein sollte, stellt sich als Nächstes die Frage, wie Sie diesen Zustand beibehalten können.

In der Hektik des Alltags bleibt Ihnen fürs Putzen nur das Wochenende. Vielleicht putzen einige von Ihnen auch alle zwei bis drei Tage ein bisschen oder andere nur, wenn sie merken, dass sich irgendwo Schmutz angesammelt hat.

Eigentlich aber sollten wir jeden Tag sauber machen. Am besten tun wir dies morgens in der Früh.

Ich höre schon die Stimmen, die einwenden, dass es am Morgen eh schon hektisch genug und da einfach keine Zeit zum Putzen sei. Doch schon fünf Minuten sind genug. Und diese fünf Minuten machen einen großen Unterschied.

Kennen Sie nicht auch die Erfahrung, dass an Tagen, an denen Sie viel zu knapp aufstehen, sich in aller Eile zurechtmachen und überstürzt das Haus verlassen, alles, was Sie tun und lassen, irgendwie falsch läuft und zu Enttäuschungen führt? Umgekehrt bleiben Sie an Tagen, an denen Sie gut vorbereitet und mit innerer Ruhe aufgebrochen sind, völlig entspannt, und die Dinge gehen Ihnen leicht von der Hand. Es spielt eine große Rolle, wie Sie morgens den Tag beginnen.

Ob Sie mit blank geputzten oder mit vor Schmutz strotzenden Schuhen aus dem Haus gehen, wirkt sich den ganzen Tag über auf Ihre Stimmung aus. Genauso hebt es Ihre Laune, wenn Sie morgens schon geputzt haben, oder senkt sie, wenn Sie es nicht getan haben. **Gut gelaunt werden Sie positiv an die Dinge herangehen, ohne Selbstvertrauen aber verharren Sie in Passivität.**

Den Morgen mit Putzen zu beginnen bedeutet, sich ein bestimmtes Maß an Gelassenheit zu erlauben.

Deswegen wirkt sich die Gewohnheit des morgendlichen Putzens auch so positiv aus, weil sie uns signalisiert, dass wir uns diese Gelassenheit verschaffen.

Versuchen Sie zunächst, nur fünf Minuten früher aufzustehen. Räumen Sie Dinge auf, die herumliegen, und saugen Sie oder wischen Sie kurz durch, soweit Sie es schaffen. Schon nach diesen fünf Minuten werden Sie sich besser fühlen. Aber die Zeit am Morgen ist zu kostbar, als dass sie sich länger mit Putzen abgeben sollten. **Es geht lediglich darum, kurz und konzentriert sauber zu machen.**

Während Sie mit flinken Bewegungen vor sich hin putzen, kommen auch Herz und Körper in Gang. Dabei spüren Sie, wie ganz von selbst das Gefühl in Ihnen aufkommt, auch heute Ihr Bestes geben zu wollen, und erquickt ziehen Sie von dannen.

Es ist allein Ihre Entscheidung, ob Sie sich diese fünf Minuten nehmen.

Wenn Sie später bei Ihrer Rückkehr die aufgeräumte Wohnung vorfinden, ist das ein wunderbares Gefühl. Wer dieses Gefühl auch nur einmal genossen hat, dem wird die morgendliche Putzrunde bestimmt zur Gewohnheit werden.

Die Fenster öffnen und frischen Wind hereinlassen

Eine Sache sollten Sie jedoch unbedingt tun, bevor Sie am Morgen mit dem Putzen beginnen.

Sie sollten alle Fenster Ihrer Wohnung oder Ihres Hauses öffnen.

Es gibt einen Ausdruck im Zen, der häufig verwandt wird: *seifu* – frischer Wind. Er bezeichnet den frischen Wind, der unsere Herzen rein fegt.

Die Morgenluft draußen ist genau wie dieser frische Wind.

Atmen Sie tief ein und aus und lassen Sie die frische Luft in Ihren Lungen zirkulieren. Der frische Wind vertreibt all die störenden Gedanken und Sorgen.

Gönnen Sie sich bei gutem Wetter ein Bad in der Sonne und strecken Sie sich ordentlich. Vielleicht täten auch ein paar leichte Dehnübungen gut.

Körper und Herz sind eng miteinander verknüpft. Wenn Sie die frische Luft einatmen und sich bewegen, verfliegen Erschöpfung und Stress des Vortags, und Sie fühlen sich bereit für den neuen Tag.

Ich stehe jeden Morgen um 5 Uhr auf und öffne alle Läden in der Haupthalle und im Wohntrakt. Dann stelle ich eine Schale Tee vor die Buddha-Statue in der Haupthalle, nehme den Scheuerlappen und fange an zu wischen. So beginnt mein Tag.

Im Winter ist es morgens dunkel und eisig kalt, und ich spüre, wie sich mein Körper anspannt.

Im Sommer erquickt das saftige Grün im Tempelgelände mein Herz.

Die Zeit am Morgen ist kostbar, denn hier nehmen wir die Jahreszeiten in ihrem Wandel am stärksten wahr. In der morgendlichen Luft sind wir für die Veränderungen der Natur besonders empfänglich.

Wenn wir es uns zur Gewohnheit machen, jeden Morgen erst einmal etwas frische Luft zu inhalieren, werden wir sensibel für unsere körperliche und innere Tagesform.

Der Moment, wenn ich morgens die Natur in der entsprechenden Jahreszeit erlebe, ist in meinem geschäftigen Dreisprung als Abt, Professor und Landschaftsarchitekt das geheime Elixier für Gesundheit von Körper und Seele.

Kaum hat der frische Wind die stickige Luft im Innern verdrängt, wird auch Ihr Körper wach. Jetzt können Sie mit dem Putzen beginnen.

Wer gut gelaunt sauber macht, den überkommt, mögen die Tage noch so hektisch sein, ein Gefühl der Gelassenheit. Nun können Sie alles, was Sie an diesem Tag noch vorhaben, ohne Zwang und Hast erledigen.

Ein eigener Stil für kontinuierliches Putzen

Es gibt einen Trick, um das Putzen zu einer kontinuierlichen Gewohnheit zu machen: Sie müssen einen Stil finden, der zu Ihnen passt.

So wie Menschen unterschiedlich groß und schwer sind und ein unterschiedliches Aussehen haben, sind auch ihre Vorlieben, Angewohnheiten und Arbeitsrhythmen verschieden. Genauso unterscheidet sich der Umfang der anfallenden Putzarbeiten, je nachdem, ob jemand allein in einer Einzimmerwohnung lebt oder mit der ganzen Familie in einem Haus.

Finden Sie einen Stil beim Putzen, der zu Ihrer Wohnsituation und zu Ihrer Lebensweise passt.

Putzen Sie grundsätzlich an den Werktagen morgens für einen kurzen Moment und nehmen Sie sich am Wochenende einen Vormittag für die ganze Wohnung vor. Auf diese Weise können Sie in Ihrem Zuhause für eine stets angenehme Atmosphäre sorgen.

Vielleicht scheint Ihnen der Nachmittag besser geeignet, weil Sie sich dann mehr Zeit nehmen können, aber ich empfehle den Vormittag. Wenn Sie das Putzen hinter sich haben, können Sie die freie Zeit in bester Stimmung genießen.

Um einen eigenen Stil zu finden, sollten Sie zunächst die Zeiten festlegen, in denen Sie sauber machen wollen. Machen Sie dann die Probe aufs Exempel und testen Sie, was Sie in dieser Zeit schaffen können.

Planen Sie in der Woche morgens fünf oder zehn Minuten zum Putzen ein. Wenn Sie sich für fünf Minuten entscheiden, können Sie vielleicht nur das Wohnzimmer saugen. Dann beschließen Sie, jeden Tag das Wohnzimmer zu saugen und am Wochenende das ganze Haus zu putzen.

Oder Sie entscheiden, das Wohnzimmer nur jeden zweiten Tag zu saugen. An den anderen Tagen saugen Sie die anderen Zimmer und putzen am Wochenende, was Sie in der Woche nicht geschafft haben.

Es gibt noch eine andere Methode, bei der Sie keine bestimmte Zeit festlegen, sondern die Arbeit nach Räumen aufteilen. Montags ist das Wohnzimmer dran, dienstags die Küche, mittwochs der Eingangsbereich, donnerstags das Schlafzimmer, freitags die Toilette … In diesem Fall würden Sie also jeden Morgen einen anderen Raum putzen.

Wichtig ist, den Zeitplan so zu erstellen, dass Sie in einer Woche einmal die gesamte Wohnung putzen. Dafür gibt es diverse Möglichkeiten: Sie können die Räume Ihres Wirkens nach geraden und ungeraden Zahlen aufteilen und sich für besonders aufwendige Zimmer auch zwei Tage Zeit nehmen.

Je nach Person spielen noch andere Faktoren eine Rolle: die Größe der Wohnung oder des Hauses, die Anzahl der Zimmer und auch das Tempo, in dem jemand sauber macht. Deswegen ist der eigene Stil so wichtig. Wenn wir mal dies und dann wieder das anvisieren, geht uns irgendwann die Puste aus. Ein zwangloser eigener Stil ist der Schlüssel für kontinuierliches Putzen.

100 Tage, bis etwas zur Gewohnheit wird

Es heißt, dass es etwa 100 Tage dauert, bis etwas zur Gewohnheit wird.

Das gilt auch fürs Putzen. Versuchen Sie also, drei Monate lang immer morgens kurz und am Wochenende einen Vormittag lang zu putzen.

Sollten Sie es in dieser Zeit nicht schaffen, kann es dafür zwei Gründe geben: Sie sind zu sehr mit Ihrem Alltag beschäftigt und schieben alles andere auf, oder Sie neigen zu Perfektionismus und verausgaben sich.

Denjenigen, die mit viel Elan beginnen, aber im Alltag so viel zu tun haben, dass sie das Putzen immer weiter aufschieben, rate ich Folgendes:

Räumen Sie, bevor Sie morgens aus dem Haus gehen, nur ein oder zwei Minuten lang den Tisch auf. Fegen Sie einmal kurz den Eingang. Räumen Sie die Kleidungsstücke zusammen, die herumliegen.

Schaffen Sie nur an einer Stelle Ordnung, dort, wo es Sie am meisten stört. Wenn Sie später nach Hause kommen, werden diese wenigen Handgriffe schon einen beträchtlichen Unterschied machen.

Auf diese Weise sind Sie sind auch nicht jedes Mal frustriert, wenn Sie in Ihr unaufgeräumtes Zimmer kommen, weil Sie denken, dass Sie heute schon wieder nicht zum Putzen gekommen sind. Außerdem fällt es Ihnen dann auch leichter, künftig mit dem Putzen fortzufahren.

Menschen mit einem Hang zum Perfektionismus

wiederum scheinen oft dem folgenden Schema zu verfallen: Sie fangen an zu putzen, entdecken lauter schmutzige Stellen, machen endlos weiter, ohne es zu merken, bis sie schließlich völlig erledigt sind. Oder sie finden hier und da noch etwas, das sie sauber machen müssen – so dass ihr Putzradius immer größer wird, bis am Ende alles nur halb fertig ist und sie zu dem Schluss kommen, dass Putzen einfach schrecklich ist.

Am Anfang hängen die meisten die Messlatte viel zu hoch. **Aber es ist sinnlos, wenn Sie Ihr Pensum nicht halten können. Nehmen Sie sich nicht zu viel vor, sondern machen Sie nur das, was Sie auch kontinuierlich leisten können.**

Sie können sich auch als Hilfestellung morgens beim Putzen einen Wecker stellen.

Ziel soll es jedenfalls sein, sich das morgendliche Putzen zur Gewohnheit zu machen, egal, wie viel Zeit Sie dafür veranschlagen. Wenn Sie aber den Wecker auf fünf Minuten stellen, sollten Sie diese fünf Minuten auch effektiv nutzen. Und sobald der Wecker klingelt, müssen Sie aufhören.

Gewohnheiten verändern den Menschen. Nach 100 Tagen werden Sie sich schlecht fühlen, wenn Sie nicht geputzt haben. Freuen Sie sich schon auf diesen Tag und fahren Sie bis dahin ohne Stress mit dem Putzen fort.

Jeder Raum braucht eine besondere Lösung – Aufräumen als Gewohnheit

Der Eingang ist das Gesicht der Wohnung

Das Wort *genkan*, mit dem wir in Japan den Eingangsbereich eines Hauses oder einer Wohnung bezeichnen, stammt aus dem Zenbuddhismus.

Ursprünglich bezeichnete es den Eingang zu der Klause, in der die Zen-Priester lebten, die Schwelle, über die ein Mensch in die spirituelle Tiefe gelangte, es war der Ausdruck für die Schranke vor dem Eintritt in die Übungen des Zen.

Die Samurai übernahmen den Begriff für ihre Wohnstätten, und schließlich wurde er allgemein zur Bezeichnung des Eingangs von Häusern und Wohnungen benutzt.

Ursprünglich ist der *genkan* also der Eingang, durch den ein Mensch in den Raum der spirituellen Übungen gelangt und den er in aufrechter Haltung betritt. Daher muss der *genkan* immer sauber und ordentlich sein, mehr als jeder andere Raum im Haus.

Wenn jemand Sie zu Hause besucht, ist das Erste, was er zu Gesicht bekommt, der Eingang Ihrer Wohnung. Liegt dort alles Mögliche herum, wird Ihr Besuch wohl oder übel annehmen, dass der Zustand des Eingangs dem des Gastgebers entspricht.

Bei meiner Arbeit komme ich zu vielen Menschen ins Haus. Bei manchen ist der Eingang gepflegt und aufgeräumt und vermittelt einen freundlichen Eindruck, was ich im Haus bestätigt finde. Auch die Gesichter der Bewohner sind heiter, die Atmosphäre in der Familie wirkt angenehm, sodass ich mich rundum wohlfühle.

Dann aber gibt es Häuser oder Wohnungen, bei denen der Eingang einen chaotischen Eindruck hinterlässt, und auch im Haus herrscht Unordnung, sodass ich als Besucher nicht zur Ruhe komme.

Der Eingang eines Hauses ist wie das Gesicht eines Menschen.

Wenn Sie jemanden zu sich einladen, können Sie ihm schon im Eingang das Gefühl vermitteln, willkommen zu sein. Putzen Sie hier immer besonders gründlich, und empfangen Sie Ihren Gast mit ein paar kleinen Aufmerksamkeiten.

Wenn sich Besuch ankündigt, denken Japaner zuallererst an das Salz, das in den Hauseingängen in kleinen Schalen aufgestellt wird.

Vielleicht haben Sie in Restaurants solche Salzschälchen beidseits des Eingangs stehen sehen, sie sind ein alter japanischer Brauch, der böse Geister vertreiben und Kundschaft anlocken soll.

Aber dieser Brauch hat noch eine andere Bedeutung. Er zeigt an, dass der Ort gereinigt ist. **Wenn wir Japaner einen mit Salzschälchen versehenen Ort**

betreten, fühlen wir uns innerlich gefestigt, denn wir wissen, dass die Luft dort rein ist.

Des Weiteren empfehle ich, den Boden des Eingangs mit ein wenig Wasser zu besprengen. Früher waren im Hochsommer oft Leute am Eingang ihres Hauses zu sehen, wo sie aus einem Kübel Wasser schöpften und damit den Boden besprengten. Dieser Brauch gehört zu den von alters her tradierten Weisheiten Japans und ist dazu gedacht, in der Hitze des Sommers für etwas Abkühlung zu sorgen.

Heute ist wissenschaftlich bewiesen, dass die Wärme, die beim Verdunsten des versprengten Wassers entsteht, einen Temperaturabfall zur Folge hat.

Doch wie die Salzschälchen hat auch das versprengte Wasser den Effekt der Reinigung. Wenn Sie, bevor die Gäste eintreffen, den Eingang mit etwas Wasser besprengen, signalisieren Sie, dass Sie den Bereich für sie gereinigt haben. Durch diese Geste fühlen sich Ihre Gäste willkommen.

Dabei ist allerdings das Timing wichtig, denn Ihre Gäste sollen eher beiläufig empfangen werden. Wenn Sie den Boden schon eine halbe Stunde vorher sprengen, ist er beim Eintreffen der Gäste bereits wieder trocken. Starten Sie die Aktion aber erst fünf Minuten vorher, wirkt das nicht gerade elegant, es ist, als wollten Sie sich hervortun: »Seht, ich habe extra den Boden gesprengt.« Idealerweise sollten Sie etwa zehn Minuten vor dem verabredeten Termin den Eingang mit etwas Wasser besprengen.

Auch die Gäste sollten natürlich Sorge dafür tragen, möglichst pünktlich zu sein.

Aber der *genkan* ist nicht nur für die Gäste da. Auch wir nehmen bei unserer Rückkehr nach Hause zuallererst den Eingang unserer Wohnung wahr.

Der *genkan* ist das Scharnier zwischen dem »Gesicht, das sich zur Gesellschaft richtet« und dem »Gesicht, das sich der Familie zuwendet«. Wenn Sie erschöpft nach Hause kommen und im Eingang lauter Schuhe und dazu noch ein paar Regenschirme herumstehen, wird das Ihre Laune nicht gerade heben, sondern eher auf Ihre Stimmung schlagen.

Der Eingang sollte daher immer gut gelüftet und auf ansprechende Weise aufgeräumt sein.

Wenn Sie beim Blick in den Spiegel etwas Schmutz in Ihrem Gesicht entdecken, wischen Sie diesen umgehend weg. Frauen legen vor einer Verabredung sorgfältig Make-up auf, während Männer sich rasieren.

So wie wir jeden Tag ein Bad nehmen und uns waschen, sollten wir auch täglich für Sauberkeit im Eingang unseres Hauses sorgen.

Wie ich bereits im ersten Kapitel erklärt habe, bildet der Eingang eine Barriere gegen den Schmutz und Staub, den wir von draußen hereintragen. Sie sollten ihn täglich fegen und einmal in der Woche wischen, um auch den Dreck zu entfernen, dem Sie mit dem gewöhnlichen Fegen nicht beikommen.

Schmücken Sie den Eingang zu Ihrer Wohnung wie beiläufig mit ein paar Blumen, die gerade blühen, oder mit einem kleinen Gegenstand, den Sie mögen, dann werden Sie sich bei Ihrer Rückkehr immer wohlfühlen. Eine solche Aufmerksamkeit wird auch die Herzen Ihrer Gäste besänftigen.

Sind die Schuhe ordentlich zusammengestellt?

Bestimmt haben Sie schon einmal am Tempeleingang ein Schild mit der Aufschrift »Achten Sie auf Ihre Füße!« gesehen.

Das heißt, dass jeder, der den Tempel betritt, seine Schuhe ausziehen und ordentlich hinstellen soll.

Diese Aufforderung vermittelt aber noch eine weitere wichtige Botschaft: »Was du heute tust, tu mit ganzer Kraft.«

Wer seine Schuhe nicht ordentlich hinstellen kann, hat auch keine Ordnung im Herzen. Sein Herz ist nicht im Hier und Jetzt, sondern irgendwo in der Vergangenheit oder Zukunft unterwegs.

Auf den ersten Blick mag es so aussehen, als ginge es lediglich darum, wie jemand seine Schuhe auszieht, doch für mich ist es ein Sinnbild: Menschen, denen es egal ist, ob ihre Schuhe krumm und schief in der Gegend herumliegen, stören sich auch nicht an anderen krummen Dingen. Sie sind abgestumpft, und ihr Herz befindet sich in Unordnung.

Die Schuhe ordentlich wegzustellen ist nur ein kleiner Akt, aber darin offenbart sich der Charakter eines Menschen.

Sind die Schuhe im Eingang Ihres Hauses ordentlich zusammengestellt?

Falls Sie sich nicht sicher sind, machen Sie es sich zur Gewohnheit, die Schuhe immer gleich nach dem Ausziehen ordentlich wegzuräumen.

Das gilt auch, wenn Sie nicht zu Hause sind. Stellen Sie Ihre Schuhe immer gleich nach dem Ausziehen zusammen. Ist Ihnen das einmal zur Gewohnheit geworden, brauchen Sie nie mehr darüber nachzudenken. Und stellen Sie nicht nur die eigenen Schuhe ordentlich zusammen, sondern auch die Ihres Nachbarn, falls er dies nicht selbst getan hat. Wenn Sie das schaffen, sind Sie wirklich gut.

Mit dieser kleinen Gewohnheit wird nicht nur Ihr Eingang, sondern Ihr ganzes Leben schöner.

Wenn Sie Ihr Leben verändern wollen, beginnen Sie bei den Füßen. Das ist möglicherweise der schnellste Weg.

Der Salon und die *tokonoma* als Bühne der Gastlichkeit

Früher gab es in allen Häusern einen Salon, in dem die Gäste empfangen wurden, und in diesem Salon befand sich die *tokonoma*.

Die *tokonoma* ist eine Nische an einer Wand des Salons, die mit einem Rollbild, mit Blumen und anderen Gegenständen geschmückt ist. Passend zur Jahreszeit und dem jeweiligen Anlass überlegte der Hausherr, welches Bild er dort aufhängte, welche Blumen wie arrangiert und welche Gegenstände dort platziert wurden. Die *tokonoma* war die Bühne, auf welcher der Hausherr seinen Geschmack und seine Kultiviertheit in Szene setzte.

Besonders wenn er Besuch erwartete, wählte er mit großer Sorgfalt und Rücksicht auf diverse Faktoren wie Jahreszeit, Wetter, die gegenwärtigen Umstände seines Gastes und dessen Beziehung zum Hausherrn etc. die einzelnen Objekte aus, die in ihrer Gesamtheit dem Besucher eine Botschaft vermittelten.

Es war Sitte, dass der Gast in den Salon geführt wurde und dort zunächst die *tokonoma* betrachtete. Die darin enthaltene Botschaft des Hausherrn zu entschlüsseln, stellte eine Form der Kommunikation dar. Damit wurden sowohl die ästhetische Wahrnehmung und die Kultiviertheit des Gastes als auch die des Gastgebers auf die Probe gestellt.

In der Welt der Teezeremonie wird die Bedeutung, die diesen feinen Wechselbeziehungen zukommt, mit der Redewendung *ichigo ichie* ausgedrückt. *Ichigo* bezeichnet in diesem Zusammenhang das eine Leben, während *ichie* die einmalige, nur einmal stattfindende Begegnung ist.

Beide Begriffe stammen aus der Lehre des Buddhismus. Ein Tag existiert nur einmal. *Ichigo ichie* bedeutet, dass wir wichtige Gelegenheiten nur einmal in unserem Leben wahrnehmen können. Dieser Ausdruck versinnbildlicht auch den Geist, die gemeinsame Zeit bewusst zu verbringen.

Heutzutage sind immer weniger Häuser mit einer *tokonoma* ausgestattet. Ich hoffe jedoch, dass diese großartige Tradition japanischer Gastlichkeit nicht in Vergessenheit gerät.

Sollte sich in Ihrem Haus oder in Ihrer Wohnung keine *tokonoma* befinden, können Sie auch an einem anderen Ort Dinge aufstellen, die Ihrem Geschmack und einer Geste des Willkommens Ausdruck verleihen. Sie müssen zu diesem Zweck kein neues Regal oder eine Vitrine kaufen. Es reicht, wenn Sie die Sachen oben auf einem Möbel oder in der Ecke eines Regals platzieren.

Säubern Sie den entsprechenden Ort und stellen Sie Dinge auf, die Ihnen wichtig sind, die Sie Ihren Gästen zeigen wollen und bei deren Anblick das Herz zur Ruhe kommt. Falls Sie kein Rollbild besitzen, können Sie ein gerahmtes Bild beziehungsweise eine Schmuckpappe mit einer Kalligrafie oder einem Gedicht aufhängen.

Sollte Ihnen nicht viel Platz zur Verfügung stehen,

haben Sie die Möglichkeit, eine Blume oder einen einzelnen Zweig in eine schmale Vase zu stellen. Auch ein Glasteller mit herbstlichem Laub oder dem ersten Frühlingsgrün schafft eine geschmackvolle Atmosphäre. Sie können auch kurz vor der Ankunft Ihres Gastes eine aromatische Kerze oder etwas Räucherwerk anzünden.

Ein solcher Platz, an dem Sie Ihre Gäste willkommen heißen, verleiht Ihrer Wohnung insgesamt einen besonderen Stil.

Im Wohnzimmer zu sich selbst finden

Im Wohnzimmer sollten sich alle entspannen können. Es ist der Ort, an dem sich jeder wohlfühlen sollte und niemand Rücksicht nehmen muss. Im Wohnzimmer sitzt die Familie einträchtig beisammen. Meist ist es der größte Raum, bildet das Zentrum des Hauses oder einer Wohnung und hat viel Tageslicht.

Gibt es in Ihrem Wohnzimmer einen Platz, wo Sie sich hinlegen und es sich bequem machen können? Ein Sofa oder einen Sessel, auf dem Sie gemütlich sitzen und sich ausruhen können?

Ein Wohnzimmer mag noch so schön aufgeräumt sein, wenn Sie sich darin nicht physisch und psychisch entspannen können, hat es seinen Zweck verfehlt.

In einem Wohnzimmer, das zu ordentlich und zu formell ist, kommt niemand richtig zur Ruhe. Es empfiehlt sich, hier und dort ein paar Dinge herumliegen zu lassen, beispielsweise ein paar Zeitungen oder Zeitschriften neben dem Tisch.

Schwierig wird es allerdings, wenn so viel herumliegt, dass Sie keinen Fuß mehr vor den anderen setzen können. **Ziel sollte es sein, in Ihrem Wohnzimmer eine heimelige Atmosphäre zu schaffen, sodass Sie zur Ruhe kommen und von Sorgen ungestört innerlich loslassen können.**

Wer sich mit lauter unnützem Zeug umgibt, kommt nicht zur Ruhe. Auch das Saubermachen kostet viel Zeit und Mühe. Weil im Wohnzimmer jeder ein- und ausgeht, sammeln sich dort schnell diverse Dinge an, weshalb Sie in regelmäßigen Abständen alles, was nicht dort hingehört, wegräumen sollten.

Fürs Saubermachen gilt die Faustregel »von oben nach unten«. Zuerst nehmen Sie den Staubwedel und wischen den Staub von Möbeln, Wandleisten und Türrahmen, dann gehen Sie mit einem Putztuch über die Möbel.

Holzfußböden oder Teppiche werden an den normalen Putztagen sorgfältig gesaugt, hin und wieder sollten Sie jedoch mit einem gut ausgewrungenen Scheuertuch über die Böden gehen. Da sich neuere Bodenbeläge nicht fürs Feuchtwischen eignen, sollten Sie diese nur mit einem trockenen Lappen wischen. Gewachste Böden können Sie, wenn diese nicht mehr glänzen, immer mal wieder leicht nachwachsen.

Tatami sollten Sie dem Verlauf nach saugen. Für Tatami benutzen Sie ein feuchtes Tuch nur, wenn sie dreckig sind, ansonsten reicht Trockenwischen.

Auch wenn sich Wischmops im Stehen benutzen lassen, empfehle ich, den Boden direkt mit dem Scheuertuch zu putzen. So spüren Sie unmittelbar, was es bedeutet, mit dem ganzen Herzen zu putzen.

Ein Raum, in dem das Herz einen Ruhepol hat

Menschen, die sich selbst ein Haus bauen, rate ich immer, in diesem auch eine *tokonoma* sowie einen buddhistischen Hausaltar einzurichten.

Ich habe bereits erwähnt, dass es früher in jedem japanischen Haus eine *tokonoma* gab, und genauso gab es auch in allen Häusern einen Hausaltar. War die *tokonoma* dafür gedacht, die Gäste willkommen zu heißen, diente der Hausaltar als »Ruhepol der Herzen«. Morgens knieten wir von dem Altar nieder, legten die Handflächen aneinander und baten unsere Vorfahren darum, unbeschadet durch den Tag zu kommen. Dann erst gingen wir aus dem Haus. Bei unserer Rückkehr dankten wir unseren Vorfahren, dass wir den Tag heil überstanden hatten. Auch wenn wir glücklich oder traurig waren, erstatteten wir ihnen vor dem Altar Bericht.

Für einen kurzen Moment in unserem hektischen Alltag legten wir die Hände aneinander, sammelten uns und fanden zu Bescheidenheit zurück.

Fehlt den Menschen heute nicht ein solcher Moment und Ort, an dem sie offen und einfach zu sich finden?

Passend zu den heutigen Wohnräumen, die vorwiegend mit Stühlen und Sofas ausgestattet sind, gibt es in jüngster Zeit auch Hausaltare und *tokonoma* in anspruchsvollem Design.

Vielleicht fällt es Ihnen schwer, plötzlich einen buddhistischen Hausaltar in Ihrer Wohnung zu installieren, und ich sage auch nicht, dass Sie dies unbedingt tun sollten. **Was ich möchte, ist, dass Sie im Zentrum Ihrer Wohnung einen Platz schaffen, an dem Sie Ihr Herz reinigen und Ihre Gefühle klären können.**

Legen Sie einen Talisman aus einem Tempel oder Schrein dorthin, und schon haben Sie einen heiligen Ort, der Ihrem Herzen zum Ruhepol wird. Ich empfehle Ihnen, auch ein paar Zeilen von Menschen aufzustellen, die Sie verehren, oder Fotos von Ihnen wichtigen Personen. Schaffen Sie einen Ort, an dem Sie zu Ihrem Herzen zurückfinden.

Ist Ihr Zimmer zu klein für solch einen Ort, können Sie ihn oben auf einem Möbel oder im Regal einrichten und anstelle einer *tokonoma* benutzen. Wenn Sie Gäste erwarten, können Sie den Platz auch gastlich dekorieren.

Diesen für uns so wichtigen Ort möchten wir immer sauber halten.

Auch im Tempel putzen wir den Bereich um die Buddha-Statue herum besonders sorgfältig. Wenn Sie einen ähnlichen Platz bei sich zu Hause schaffen, werden Sie dort jeden Tag sauber machen wollen. Wie von selbst werden Sie dabei den Wunsch entwickeln, auch das restliche Zimmer in Ordnung zu halten. Das führt natürlich zu mehr Ruhe und Stabilität.

Ein Ort der Besinnung sorgt im Alltag für Ruhe

Das Erste, was wir morgens im Tempel tun, ist, Buddha eine Schale Tee zu opfern. Bestimmt gibt es Gegenden in Japan, in denen es auch in privaten Haushalten heute noch Sitte ist, eine Schale Tee vor den Hausaltar oder etwas Wasser vor den shintoistischen Hausschrein zu stellen.

Tee war früher eine große Kostbarkeit. Jeden Morgen holten die Japaner Wasser aus dem Brunnen, kochten es und bereiteten damit einen duftenden Tee zu, von dem sie, bevor sie selbst davon tranken, erst Buddha eine Schale darbrachten und dabei die Handflächen zum Gebet aneinanderlegten. Sie stellten auch Blumen oder Sternanis vor ihn hin, und bei den Shintō-Göttern gaben sie acht, dass immer frische Sakaki-Zweige dastanden. Natürlich machten sie auch regelmäßig sauber.

Das erforderte selbstverständlich Zeit. Doch der Akt als solcher, mit dem die Japaner Buddha und die unsichtbaren Gottheiten in Ehren hielten, hat ihre Herzen gestärkt und war ihnen in ihrem Alltag eine Stütze.

Wir mögen ein aufrichtiges Leben führen und machen doch immer wieder bittere und schmerzliche Erfahrungen. In solchen Momenten sollten wir vor Buddha, den Göttern und unseren Vorfahren die Hände aneinanderlegen. Das schafft Erleichterung und macht uns Mut, die schwierigen Zeiten durchzustehen. Wie oft mag ein solcher Moment uns Japaner schon gerettet haben?

Wahrscheinlich legen Sie im Tempel, an einem Grab oder vor dem Hausaltar ganz unbewusst die Hände aneinander. Aber dieser Geste, bei der wir die beiden Handflächen zusammenlegen, kommt eine besondere Bedeutung zu.

Die rechte Hand symbolisiert Buddha und steht darüber hinaus für alle Personen außer uns selbst. Die linke Hand sind wir selbst. Wenn wir also unsere Handflächen aneinanderlegen, wird aus zwei Herzen eins.

Indem Sie in Ihrem Zimmer einen Platz schaffen, an dem Sie Ihre Hände aneinanderlegen können, wird sich die Gelegenheit dafür ganz von allein immer öfter ergeben. Sie spüren, wie Ihnen die Vorfahren, Buddha und die Götter, die Sie alle beschützen, näher rücken. **Wenn Sie sich dazu noch angewöhnen, die Hände in guten und in schlechten Zeiten aneinanderzulegen, mit ruhig geschlossenen Augen Bericht zu erstatten und zu beten, werden Sie bald zu einer Gelassenheit finden, die nicht leicht zu erschüttern ist.**

Sorgen Sie dafür, dass dieser Ort, an dem Sie sich einfinden, um Buddha, den Göttern und Ihren Vorfahren Respekt zu zollen, stets sauber ist.

Sollte es sich als schwierig herausstellen, den Göttern beziehungsweise Buddha täglich Tee darzubringen, können Sie stattdessen Wasser nehmen. Sorgen Sie dafür, dass auch immer Blumen dastehen.

Wenn jemand Ihnen leckere Süßigkeiten schenkt, opfern Sie, bevor sie selbst davon essen, immer erst

Buddha oder den Göttern davon. Stellen Sie auch Getränke hin, die Ihre verstorbenen Familienmitglieder gerne mochten. Durch solche bescheidenen Aufmerksamkeiten, mit denen Sie Buddha, den Göttern und Ihren Vorfahren Respekt erweisen, wird Ihr Herz zur Ruhe kommen.

Buddha ist im Bad und auf der Toilette

Im Zen-Tempel gibt es drei Orte, an denen es nicht erlaubt ist, zu sprechen – die sogenannten »drei Hallen des Schweigens«.

Einer dieser Orte ist der Meditationsraum, in dem die Mönche Zazen praktizieren und der ihnen auch als Wohnraum dient, bei den anderen beiden handelt es sich um die Toilette und das Bad.

Viele Menschen gehen davon aus, dass Mönche zumindest im Bad und auf der Toilette ein paar Worte miteinander wechseln dürfen, aber in der Welt des Zen stellen Toilette und Bad, so wie der Meditationsraum, in dem Zazen praktiziert wird, Orte wichtiger Übungen dar. Denn dort haben zwei Heilige Erleuchtung erfahren.

Einer der beiden ist Ususama Myōō.

Toiletten gelten als unreiner Ort, so wie es der Name *gofujō* – unrein – nahelegt. Doch Ususama fand dort Erleuchtung und wird seither als »Gottheit der Toilette« verehrt, dessen Tugend darin besteht, den unreinen Ort in einen reinen verwandelt zu haben.

Batsudabara Bosatsu hat im Bad Erleuchtung gefunden. Seit ihm im Wasserbecken die große Erleuchtung zuteilwurde, wird dieser Buddha in den Bädern der Zen-Tempel verehrt. Immer wenn die angehenden Mönche während ihrer Ausbildung ins Bad gehen, beten sie zunächst den Sitten entsprechend zu Batsudabara Bosatsu.

Obwohl Bad und Toilette eine solche Wichtigkeit zukommt, werden sie in den meisten Wohnungen und Häusern am stärksten vernachlässigt.

Doch ein Haus mag noch so luxuriös eingerichtet sein, wenn Bad und Toilette schäbig sind, mindert das seinen Status als Ganzes. Das gilt umso mehr, wenn diese Räume dreckig sind.

Leute, die sich ein Haus bauen, verwenden viel Augenmerk auf den Eingang, denn er gilt als das Aushängeschild des Hauses, aber nur wenige machen sich ernsthaft Gedanken über Bad und Toilette. Menschen, die sich ein Haus bauen wollen, rate ich daher, diese beiden Räume ein wenig weiträumiger und anspruchsvoller zu gestalten.

Wie beim Hauseingang gilt auch für Bad und Toilette: **Wenn dort eine gewisse Großzügigkeit und Verspieltheit zum Zuge kommen, bereichert dies die Atmosphäre des Hauses insgesamt, und auch dessen Bewohner fühlen sich freier.**

Bad und Toilette sind Orte, an denen wir für uns sein und uns entspannen können. Es ist ungemein wichtig, einen Moment lang Körper und Geist loslassen zu können.

Haben Sie nicht auch schon einmal die Erfahrung gemacht, dass Sie im Bad oder auf der Toilette auf einmal erleichtert aufatmen, weil Sie spüren, wie sich der Knoten in Ihrem Kopf löst und Sie auf neue Ideen kommen?

In einer friedlichen Umgebung öffnet sich das Herz, die Fesseln lösen sich, und dies macht es möglich, die Dinge aus einer anderen Perspektive zu sehen. Auf einmal kommen einem neue Ideen, und plötzlich ist eine Lösung in Sicht.

Dass Ususama Myōō und Batsudabara Bosatsu ihre Erleuchtung an diesen Orten fanden, ist vielleicht nicht verwunderlich.

Selbstverständlich müssen diese Orte stets sauber gehalten werden. Sie sollten konsequent darauf achten, immer gleich zu putzen, wenn Sie dort Dreck entdecken.

Wischen Sie das Klosettbecken sauber aus, putzen Sie den Boden und polieren Sie die Metallarmaturen. Bringen Sie vielleicht ein Regalbrett an, das Sie mit einer Blume oder einer anderen Kleinigkeit schmücken.

Auch das Bad muss öfters geputzt werden, denn hier bilden sich leicht Schimmel und Stockflecken. Da es im Badezimmer auch schnell chaotisch wird, sollten Sie alle unnötigen Gegenstände entsorgen und auch darauf achten, dass der Spiegel stets ordentlich poliert ist. Wenn Sie noch ein paar Zimmerpflanzen aufstellen, die Feuchtigkeit gut vertragen, ist der Raum gleich viel gemütlicher.

Räumen Sie nach dem Baden Ihre Waschutensilien ordentlich an ihren Platz zurück. Auch die Mönche stellen nach dem Bad ihre Holzkübel gleich wieder weg. Der Anblick der in Reih und Glied dastehenden Kübel hat etwas Erfrischendes.

Wissen Sie übrigens, wie Sie sich am Wasserbecken im Tempel oder Schrein ordnungsgemäß die Hände reinigen?

Zunächst schöpfen Sie mit dem Schöpflöffel ein wenig Wasser, reinigen Hände und Mund und halten dann den Schöpflöffel, in dem noch etwas Wasser zurückgeblieben ist, der Länge nach zu sich. Nun säubern Sie den Teil, den Sie in der Hand gehalten haben, für den nächsten Benutzer. Solch kleine Aufmerksamkeiten sind typisch für uns Japaner.

Auch wenn Sie alleine wohnen, sollten Sie Ihre Waschutensilien immer ordentlich zurückstellen, dann nehmen Sie sie beim nächsten Mal gleich mit Freude zur Hand. **In der Fähigkeit zu solch kleinen Aufmerksamkeiten zeigt sich die innere Verfassung eines Menschen.**

Selbst wenn Bad und Toilette Ihrer jetzigen Wohnung etwas beengt sind, sollten Sie dort stets ordentlich putzen und für Behaglichkeit sorgen, dann werden Sie in Ihrem Alltag zu Ruhe und Gelassenheit finden.

Die Küche, der Quell unseres Lebens

Die Küche ist ein wichtiger Raum, denn hier werden die Speisen zubereitet, die wir zum Leben brauchen.

Im Zen-Tempel ist der *tenzo,* der Küchenmeister, für die Zubereitung der Speisen in der Küche zuständig. Zum Küchenmeister ernannt zu werden, ist eine große Ehre, aber auch eine große Verpflichtung. Die Zubereitung des Essens ist ein edles Amt und zugleich eine wichtige Übung.

Für die Mönche dient das Essen allein dem Zweck, ihre Übungen zu Ende bringen zu können. Wenn der Küchenmeister den anderen Mönchen das Essen serviert, bedeutet er ihnen den Vorschriften gemäß, dass er dieses unter Einsatz seines Lebens zubereitet hat, damit sie ihre Übungen vollenden, und die Empfänger nehmen das Essen ihrerseits den Vorschriften entsprechend ehrfürchtig entgegen.

Selbstverständlich ist die Küche immer geputzt, und überall herrschen Ordnung und Sauberkeit.

Herd, Pfannen und Töpfe sowie der gesamte Spülbereich sind blitzblank poliert, und es gehört zu den Aufgaben des Küchenmeisters, alle Geräte an ihren ursprünglichen Platz zurückzuräumen. Da täglich geputzt wird und sich kein Dreck ansammelt, ist die Küche immer frisch und sauber und lädt jederzeit zum Kochen ein.

Die Mönche essen vegan, sie nehmen weder Fleisch noch Fisch oder irgendwelche tierischen Lebensmittel zu sich. Für die Brühe werden nur Seetang und Shiitake-Pilze benutzt, und das Essen wird wenig gesalzen, damit sich der Geschmack der einzelnen Zutaten richtig entfalten kann. Da auch die Schalen und Blätter vom Gemüse verwendet werden, wird nichts verschwendet, und es fallen keine Abfälle an.

Auch in normalen Haushalten kann jeder versuchen, alle Zutaten zu verwerten, sodass auch dort an Müll gespart wird. Hier bieten sich diverse Möglichkeiten an: So können Sie beispielsweise Rettich- und Karottenschalen wie beim Kinpira-Gericht sautieren und die fein gehackten Blätter als Einlage für die Miso-Suppe benutzen.

Lassen Sie Küchengerät niemals herumliegen, sondern räumen Sie es gleich an seinen festen Ort zurück. Wischen Sie anschließend über die Arbeitsplatte, so lässt sich die Küche leicht sauber halten. Wenn Sie Ölspritzer am Herd sofort nach dem Kochen wegwischen, vermeiden Sie klebrige Stellen.

Versuchen Sie, schon beim Kochen aufzuräumen und zu putzen, so sparen Sie Zeit und haben immer eine saubere Küche. In einer Küche, die aufgeräumt und gut zu nutzen ist, geht einem auch das Kochen leicht von der Hand und macht mehr Freude.

Die angehenden Mönche sind 24 Stunden lang, Tag und Nacht, mit ihren Übungen beschäftigt, auch das Essen stellt eine Übung dar. Wie bereits erwähnt, sind die Regeln genau definiert: Es ist nicht erlaubt, mit dem Geschirr zu lärmen oder laut zu schmatzen. Jedes private Gespräch ist verboten. Vor dem Essen rezitieren alle Mönche das Sutra der *Fünf Betrachtungen zum Essen.*

Obwohl diese Anweisungen für die Zen-Mönche gedacht sind, wünsche ich mir, dass möglichst viele sie auch beim gewöhnlichen Essen beherzigen. In eine allgemein verständliche Sprache übersetzt lautet das Sutra etwa folgendermaßen:

1. *Ich denke an all die Vorbereitungen, die für das Essen notwendig waren, und danke all denen, die dazu beigetragen haben.*
2. *Ich besinne mich auf mein eigenes Tun und nehme schweigend mein Mahl zu mir.*
3. *Mit aufrechtem Herzen genieße ich mein Essen ohne Gier, egal ob ich es mag oder nicht.*
4. *Ich nehme das Essen wie eine wirksame Medizin zu mir, mit der ich Körper und Geist gesund halte.*
5. *Ich lege meine Handflächen aneinander und esse, um meinen Charakter durch den Weg Buddhas zu bilden.*

Versuchen Sie, mit dem Gedanken an diese fünf Gebote Ihr Essen zu genießen. **Legen Sie die Stäbchen, mit denen Sie das Essen zum Mund geführt haben, zur Seite und spüren Sie in aller Ruhe dem Geschmack der Zutaten nach.** Bestimmt schmecken die Speisen jetzt anders als sonst.

Alles, was wir essen, Fleisch und Fisch allemal, aber auch Reis und Gemüse, sind Lebewesen. Wir nehmen dieses wertvolle Leben als Nahrung zu uns, um zu leben, und wir dürfen nie vergessen, dafür dankbar zu sein.

Wir essen auf, was uns aufgetischt wird, und lassen

nichts übrig. Vor dem Essen sagen wir von ganzem Herzen *Itadakimasu* – »Vielen Dank für dieses Mahl« und danach *Gochisōsama* – »Das war ein Festmahl«. Wenn Sie merken, dass Sie nicht viel essen können, geben Sie sich nur so viel auf den Teller, dass Sie Ihre Portion auch aufessen können.

Essen ist essenziell, es erhält uns am Leben. Die Küche, in der Sie und Ihre Familie Ihr Essen zubereiten, ist der Quell des Lebens. Mit diesem Gedanken im Kopf werden Sie es kaum zulassen können, dass sie dreckig wird.

Einfaches Geschirr verwenden

In der französischen Küche wird von Geschirr gegessen, bei dem jeder einzelne Teller schon eine Stange Geld kostet. Die Menschen in der westlichen Welt kaufen sich für gewöhnlich ein ganzes Service, das sie ihr Leben lang benutzen. Oft wird dieses Geschirr in Serie produziert, so können einzelne Teile, die vielleicht kaputtgehen oder fehlen, nachgekauft werden.

Im Vergleich dazu ist das japanische Geschirr erstaunlich vielfältig. Teller und Schalen unterscheiden sich, je nachdem, aus welcher Gegend und Keramikwerkstatt sie stammen. Sie sind in ihrer Farbgebung und ihrem Stil einzigartig, und auf manchen sind jahreszeitliche Motive dargestellt.

Ich habe bereits erwähnt, dass früher in japanischen Haushalten das Geschirr, das entsprechend den Jahreszeiten ausgewechselt wurde, in einem Speicherraum aufbewahrt wurde. Japaner benutzen in den Jahreszeiten unterschiedliches Geschirr. Zum Beispiel bevorzugen sie im Sommer Teller und Schalen, die Frische ausstrahlen. Besonders beliebt sind solche, auf denen Blumen der jeweiligen Jahreszeit abgebildet sind.

Bei der Zubereitung des Essens ist es ähnlich. Im Winter essen wir in Japan warme, im Sommer eher kühle Speisen, und wir genießen es, wenn sie auch dem Aussehen nach Wärme oder Erfrischung versprechen. Wir geben uns jede erdenkliche Mühe, um mit den Gerichten ein Gefühl für die Jahreszeit zu erwecken. In Europa und Amerika aber ist die Speisekarte nicht so stark am Ablauf der Jahreszeiten ausgerichtet.

Wir benutzen gern den Ausdruck »Lebensmittel der Saison«, wobei eine Saison ursprünglich einen Zeitraum von einer Woche bis zu zehn Tagen umfasste. Wenn er Gäste hatte, war es das vornehmliche Anliegen des Gastgebers, möglichst delikate Speisen der Saison zu servieren.

80 Prozent des Menüs bestanden aus saisonalen Gerichten, die restlichen 20 Prozent aus Nachklängen der vorherigen und Vorboten der kommenden Saison. Wies das gastliche Mahl alle drei Anteile auf, galt die Bewirtung als gelungen.

Im Hintergrund dieser Art der Küche steht die Idee von der Vergänglichkeit des Lebens. Es ist der Gedanke, die Kostbarkeit des jetzigen, gemeinsam verbrachten Moments zu genießen, zugleich den verfließenden Stunden nachzutrauern und die kommende Jahreszeit willkommen zu heißen. Das Menü wird nach der Maxime ausgewählt, wie der Gastgeber seinen Gästen diese Botschaft nahebringen und sie damit erfreuen kann.

Obwohl uns heute nicht wie früher ein nach Jahreszeiten unterschiedenes Geschirr zur Verfügung steht, können wir mit etwas Sinn fürs Inszenieren dennoch Spaß daran haben, uns nach den Jahreszeiten zu richten. Wenn wir an die bunten Essgewohnheiten der Japaner denken, die zwischen japanischen, chinesischen und westlichen Gerichten wechseln, scheint hierfür ein möglichst einfaches Geschirr ratsam. Dazu können Sie den Tisch mit ein paar Blumen oder anderem jahreszeitlichen Dekor schmücken.

Verwenden Sie Blumen und Zweige aus dem Garten als Unterlage für die Stäbchen, dekorieren Sie die Speisen mit frischen Blättern oder buntem Laub und servieren Sie das Essen auf Bambusgras oder Palmblättern. Vielleicht haben Sie ja Lust, einmal eine Schüssel aus Eis zu fabrizieren … **Auch ohne spezielle Utensilien können Sie ein Menü ersinnen, das Ihnen die Jahreszeit vor Augen führt. Schon mit kleinen Inszenierungen wird der Wandel der Jahreszeiten zum Genuss.** In solchen Momenten kommt auch Ihr Herz zur Ruhe.

Mehr Klarheit im Schlafzimmer schaffen

Schlafen Sie nachts fest wie ein Stein? Oder liegen Sie noch lange, nachdem Sie ins Bett gegangen sind, obwohl Sie erschöpft sind, verzweifelt und hellwach da und machen sich über alles Mögliche Gedanken?

Falls das öfter vorkommt, sollten Sie sich einmal in Ihrem Schlafzimmer umsehen.

Liegen neben Ihrem Bett oder dem Futon möglicherweise Elektrogeräte, Bücher oder andere Dinge herum? Stapeln sich in irgendwelchen Ecken Ihres Zimmers unbenutztes Bettzeug oder Kleidungsstücke, die eigentlich in den Schrank gehören?

Wenn ja, sollten Sie schleunigst Ordnung schaffen, sodass sich nur das Allernotwendigste in dem Zimmer befindet.

Unser Gehirn leistet, während wir schlafen, eine ungeheure Arbeit. Es ordnet das, was wir am Tag erlebt, gelernt und gedacht haben, und speichert es ab. Auch unsere Träume spielen eine wichtige Rolle, wenn es um die Einordnung der Informationen und deren Einschreibung ins Gedächtnis geht.

Zum Schlafen reicht es nicht, sich einfach nur hinzulegen und auszuruhen. **Ein Schlafzimmer, das von Dingen überquillt und in dem Sie nicht zur Ruhe kommen, mindert die Qualität Ihres Schlafes. Um sich von körperlicher und geistiger Erschöpfung zu erholen und Kräfte für den nächsten Tag zu tanken, bedarf es einer angenehmen Umgebung.**

Manche Menschen haben im Schlafzimmer gern ihre liebsten Dinge um sich oder Sachen, die mit ihren Hobbys zu tun haben. Andere wiederum räumen all das ins Schlafzimmer, was im Wohn- oder Arbeitszimmer keinen Platz findet.

Sie sollten sich im Schlafzimmer jedoch mit möglichst wenigen Dingen umgeben.

Mönche leben in einer klar geordneten Umgebung, in der nur das Allernotwendigste Platz hat. Sie werden durch nichts Unnötiges abgelenkt und können sich ganz auf ihre Übungen konzentrieren.

Je weniger Sie haben, desto klarer werden Sie sich fühlen und umso weniger Leerlauf wird es in Ihrem Handeln geben.

Schaffen Sie in Ihrem Schlafzimmer eine Ordnung des »Weniger«, nicht des »Mehr«.

Versuchen Sie einmal, so viel aus Ihrem Schlafzimmer zu verbannen, bis eine weitere Reduktion unmöglich scheint. Dann legen Sie in regelmäßigen Abständen Ihre Bettdecke zum Lüften in die Sonne, waschen Laken und Bezüge und sorgen dafür, dass alles immer schön sauber ist.

Ein schlichtes und behagliches Schlafzimmer sorgt für guten Schlaf, und das ist die beste Voraussetzung für den kommenden Tag.

Jahreszeitlicher Garderobenwechsel sorgt für Ordnung im Kleiderschrank

In Japan, wo die Jahreszeiten klar voneinander geschieden sind, wechseln wir traditionsgemäß auch dementsprechend unsere Garderobe.

Es mag mühsam erscheinen, jedes Mal zu Beginn der neuen Saison die Kleider auszutauschen, aber ein solcher Brauch hat seine Vorteile: Er ermöglicht, in regelmäßigen Abständen die Kleidung zu überprüfen.

Ich selbst wechsle den Jahreszeiten gemäß vier Mal im Jahr mein Priestergewand: erst tausche ich die dicke Robe gegen eine dünnere aus Seide, später dann gegen eine aus Seidengaze und zuletzt gegen eine aus noch feinerer Seidengaze. Genauso wechsle ich auch meine Stola und meinen Kimono.

Bevor ich die alten Sachen verstaue, lüfte ich sie an einem schattigen Ort und prüfe, ob auch keine schadhaften Stellen oder losen Fäden daran sind. Dann lege ich alles ordentlich zusammen und lege noch etwas Insektenschutz zwischen die Kleider, damit sie nicht von Motten befallen werden.

Das kostet zwar Zeit und Mühe, doch auf diese Weise sehe ich mir meine Kleidung genau an, entsorge, was alt geworden ist, und repariere, was ausgebessert werden muss. Außerdem verschaffe ich mir so einen Überblick darüber, was ich neu kaufen muss. **Mit diesem zunächst lästig erscheinenden Kleider-**

wechsel lässt sich vier Mal im Jahr die Garderobe überprüfen.

Wenn Sie Ihre Kleider den Jahreszeiten entsprechend umsortieren, tun Sie dies bitte nach den Regeln, die ich zuvor im Kapitel »Kriterien fürs Wegwerfen« beschrieben habe.

Dabei können Sie auch überlegen, wie Sie Ihre Kleidung neu kombinieren oder umändern können.

Vielleicht können Sie beispielsweise die Strickjacke, die Sie sich für den Herbst gekauft haben, in anderer Kombination auch im Frühjahr oder Frühsommer tragen. Oder Sie schneiden die Jeans, die ein bisschen zu kurz geworden sind, oberhalb der Knie ab und tragen sie im Sommer als Shorts.

Breiten Sie die Sachen vor sich aus, dann entwickeln Sie Ideen, auf die Sie für gewöhnlich nicht kommen würden. Vielleicht entdecken Sie auch ein Kleidungsstück, das Sie längst vergessen hatten, und freuen sich über Ihr schickes Outfit, das Sie gar nicht neu kaufen müssen. Wichtig ist, dass Sie sich genügend Zeit nehmen, um die Dinge zum Leben zu erwecken. Der Brauch des Garderobenwechsels ist auch deswegen so sinnvoll, weil er zu einem geschickten Umgang mit der Kleidung führt.

Wenn Sie Ihre Kleider zu Beginn der neuen Jahreszeit immer ordentlich sortiert wegräumen, kostet es Sie auch nicht so viel Zeit, sie später wieder hervorzuholen. Ihr Schrank ist nun ebenfalls nach Jahreszeiten geordnet, und schon der bloße Anblick ist angenehm und macht zufrieden. So wird auch die tägliche Auswahl dessen, was Sie anziehen, zum Vergnügen.

Aufräumen im Arbeitszimmer beginnt am Schreibtisch

Das Arbeitszimmer ist der Ort, an dem wir arbeiten oder lernen, an dem wir in aller Ruhe nachdenken, wo wir lesen und schreiben, also kurz gesagt, wo wir uns selbst begegnen.

Um in diesem Zimmer effektiv arbeiten zu können, müssen wir zuallererst den Schreibtisch ordentlich aufräumen.

Der Zustand eines Schreibtischs sagt viel über das Innere seines Besitzers aus. **Wenn auf einem Schreibtisch lauter Dinge herumfliegen, so tun sie dies auch im Herzen ihres Besitzers. Umgekehrt können sich Menschen mit einem ordentlich aufgeräumten Schreibtisch auf ihre Arbeit konzentrieren und werden nicht durch störende Gedanken abgelenkt.** Außerdem haben Menschen mit aufgeräumten Schreibtischen auch aufgeräumte Zimmer. In ihrem Alltag sind sie ebenfalls gut organisiert, und sie nutzen ihre Zeit.

Wenn Sie Ihr Arbeitszimmer aufräumen wollen, sollten Sie zuallererst dafür sorgen, dass auf Ihrem Schreibtisch Ordnung herrscht. Sobald das getan ist, werden Sie als Nächstes das ganze Zimmer aufräumen wollen.

Beim Aufräumen Ihres Schreibtischs ist es wichtig, auch in den Schubladen Ordnung zu schaffen, denn dort geht schnell alles drunter und drüber. Um ein Durcheinander zu vermeiden, können Sie die Schubladen unterteilen. Wenn Sie für Stifte, Notizblätter und Heftklammern getrennte Plätze schaffen und sie auch stets dorthin zurücklegen, werden Sie alles immer leicht wiederfinden. Büromaterialien haben allerdings die Eigenschaft, sich unbemerkt zu vermehren. Gehen Sie in regelmäßigen Abständen durch Ihre Bestände und geben Sie, wenn ein bestimmtes Maß überschritten ist, Teile davon weg oder entsorgen Sie sie.

Viele Menschen lassen wahrscheinlich ihre Ordner und Unterlagen auf dem Tisch liegen, wenn sie mehrere Tage lang daran arbeiten.

Räumen Sie jedoch, wenn Sie mit Ihrer Arbeit fertig sind, alle Sachen weg. Ideal wäre es, wenn nichts mehr auf dem Schreibtisch liegt.

So können Sie sich am nächsten Morgen mit neuer Frische Ihrer Arbeit zuwenden. Wenn Ihr Schreibtisch frei und ohne Altlasten ist, können Sie sich mit Schwung und Eifer an die Arbeit machen. Sieht er jedoch noch genauso wie am Vortag aus, stellt sich eine gewisse Trägheit ein, denn Sie haben das Gefühl, mit der Arbeit von gestern fortfahren zu müssen.

Im Zen gibt es die Redewendung: »Jeder Tag ist neu, mach einen neuen besseren Tag daraus.

Jeder Tag ist anders. Lasst uns den neuen Tag mit neuem Schwung beginnen.«

Wischen Sie morgens einmal über den leeren Schreibtisch und machen Sie sich dann an die Arbeit. Bestimmt steigt Ihre Leistungskurve an diesem Tag steil nach oben.

Nach jedem Projekt die Unterlagen wegräumen

Ein Bekannter, der in einer ausländischen Unternehmensberatung arbeitet, hat mir einmal Folgendes erzählt:

Auf der Oberfläche seines Desktops befänden sich immer nur die Ordner, die er für seine derzeitigen Projekte benötige, und immer wenn ein Projekt beendet sei, räume er schon bald den entsprechenden Ordner vom Desktop. Er speichere nur die allernotwendigsten Unterlagen, alles Übrige schmeiße er weg.

Ohne eine Ordnung und eine einfache Struktur auf seinem Desktop habe er Schwierigkeiten, mehrere Projekte gleichzeitig zu verwalten und effektiv voranzukommen.

Tatsächlich verwalte ich meine Daten im Computer auf dieselbe Weise.

Auf der Computeroberfläche werden nur die Ordner angezeigt, mit denen ich gerade arbeite. Von den beendeten Projekten bleiben nur zwingend notwendige Daten auf der Festplatte.

Manchmal würde ich ein Dokument gern aufbewahren, weil es mir wichtig ist. Aber wenn ich mich zu sehr an solche Dateien klammere und sie nicht rauswerfe, habe ich bald einen ganzen Haufen davon.

Mit unnötigen Ordnern auf dem Desktop ist es schwieriger, die Unterlagen zu finden, die wir brauchen. Es kostet nur Zeit und bereitet Stress.

Was wir bei der Arbeit gar nicht gebrauchen kön-

nen, ist, uns zu fragen, wo etwas ist, und nach Unterlagen und Daten suchen zu müssen. Wenn wir es uns zur Gewohnheit machen, die Dinge zu kategorisieren und zu ordnen, wissen wir immer, wo sich etwas befindet. Wir finden sofort, wonach wir suchen, und kommen zügig mit der Arbeit voran.

Wenn ich an der Gestaltung eines Gartens arbeite, benötige ich allein für einen Entwurf Dutzende von Büchern und unzählige andere Materialien. Doch sobald das Projekt beendet ist, räume ich all die aufgeschlagenen Bücher und Unterlagen fort und stelle sie an einen dafür bestimmten Platz.

Aufgrund dieses Vorgehens herrscht nicht nur an meinem Arbeitsplatz, sondern auch in meinem Kopf Ordnung, sodass ich mich problemlos an das nächste Projekt machen kann. Menschen, die zwischen ihren verschiedenen Projekten keine klaren Grenzen ziehen können, sollten sich feste Fristen zwischen einem und drei Monaten setzen, bis zu denen sie ihre Computer und Unterlagen aufgeräumt haben müssen.

Wer in regelmäßigen Abständen Ordnung schafft, hat einen besseren Überblick über den Verlauf seiner Arbeit insgesamt. Auch für die Effektivität des Arbeitens ist dieses Vorgehen unabdingbar.

In der Tasche hat alles einen festen Platz

Wahrscheinlich kennen wir alle die Aufregung, wenn wir in unserer Tasche die Schlüssel, den Geldbeutel oder das Notizbuch nicht finden.

Es gibt zwei Gründe dafür, warum in unseren Taschen immer alles durcheinandergerät. Der erste ist, weil wir zu viel bei uns haben, der zweite, weil wir den Dingen keinen festen Platz zuordnen.

Ich reise oft geschäftlich ins In- und Ausland und bin auch sonst viel unterwegs, doch ich habe immer, wohin ich auch fahre, nur eine Umhängetasche und eine Aktentasche bei mir. Am Flughafen muss ich nie Gepäck aufgeben. Ganz egal, wohin auf der Welt ich fahre, trage ich immer die zenbuddhistische Arbeitskleidung. Wenn ich von meinen Reisen ins Ausland mit meiner einen Tasche zurückkehre, fragen die Leute oft ganz erstaunt: »Waren Sie in dieser Kluft im Ausland?«

In meiner Tasche hat alles seinen festen Platz. Deswegen muss ich auch nicht hektisch nach irgendwelchen Sachen suchen. Auch wenn ich in die Taschen meiner Kleidung greife, weiß ich immer, was ich dort vorfinde.

Sollte ich erklären, warum ich diese Art von Lebensstil pflege, so würde ich wohl sagen, dass ich mich stets unbeschwert fühlen möchte.

Reisen wir mit großen Koffern umher, sind wir in unserer Mobilität eingeschränkt, außerdem lässt sich darin nicht so leicht Ordnung halten. Am Flughafen verlieren wir Zeit, weil wir unser Gepäck erst aufgeben und dann wieder in Empfang nehmen müssen, und manchmal haben wir auch noch den Ärger, dass es gar nicht ankommt. Manche Leute nehmen viel zu viel mit, »weil man ja nie weiß, was passieren kann«. Aber mit ein bisschen Erfindergeist kommen wir auch mit wenigen Sachen aus. Ich will Ihnen einen meiner Tricks verraten:

Wenn ich verreise, nehme ich nur ein Set Kleidung zum Wechseln mit, auf langen Reisen sind es zwei. Ich wasche meine Sachen täglich, sodass ich am nächsten Morgen immer etwas Sauberes zum Anziehen habe.

Damit meine Kleider bis zum Morgen trocken werden, verwende ich eine bestimmte Technik.

Ich lege die gewaschenen Sachen wie bei einem Sandwich zwischen zwei Badehandtücher und trete auf diesen herum, um das Wasser auszudrücken. Dann hänge ich die Sachen auf, und wenn sie nicht gerade aus einem sehr dicken Stoff sind, sind sie bis zum nächsten Morgen trocken.

Dies mögen Kleinigkeiten sein, aber mit ein bisschen Nachdenken lässt sich das Leben einfach gestalten. Finden auch Sie Mittel, mit denen Sie sich Ihr Leben erleichtern können.

Post immer am selben Tag erledigen

Es gibt eine Sache, die ich schon seit Langem beherzige: Ich erledige die Post, die ich erhalte, noch am selben Tag.

Ich bekomme täglich viele Briefe zu diversen Arbeitsbereichen, zu meiner Tätigkeit an der Universität und der im Tempel sowie zu meiner Arbeit als Landschaftsarchitekt. Zu einigen dieser Schreiben muss ich Stellung beziehen, und bei Formularen muss ich Eintragungen vornehmen. Wenn ich meine Post nur einen Tag liegen lasse, habe ich am nächsten schon doppelt so viel zu erledigen. Das ist dann eine ziemliche Menge.

Vielleicht verschieben Sie Ihre Post lieber auf später, weil Sie im Moment zu beschäftigt sind. Aber schließlich vergessen Sie es, die Briefe zu beantworten, oder die Schreiben sind irgendwo verschwunden, sodass Sie im Endeffekt ein Vielfaches an Zeit und Mühe aufwenden müssen.

Wenn Sie daher Ihre Post immer gleich am selben Tag erledigen, kommen Sie mit Ihrer Arbeit viel besser voran.

Es gibt das Sprichwort: »Die Zeit ist schneller als ein Pfeil.« Das heißt, dass die Zeit schneller vergeht, als ein Pfeil fliegt. Denken Sie daran, dass jeder einzelne Tag äußerst wichtig ist.

Wenn Sie sich von Anfang an vornehmen, Briefe und Unterlagen immer in unterschiedliche Fächer

einzusortieren, wird es Ihnen leichter fallen, auch große Mengen wie von selbst zu erledigen.

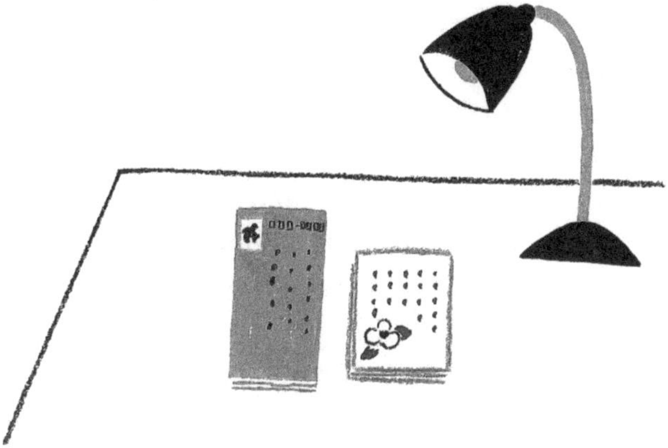

Ich bewahre alle Unterlagen in DIN-A4-Umschlägen auf, die ich mit einem entsprechenden Schlagwort beschrifte. Ich verwende Umschläge, die ich selbst erhalten habe, betitele sie mit Überschriften wie »Uni«, »Projekt XY« und stecke alles hinein, was mit dem jeweiligen Thema zu tun hat.

Will ich mir die Unterlagen ansehen, brauche ich nur den jeweiligen Umschlag zur Hand zu nehmen, was sehr praktisch ist. Ich muss auch keine neuen Ordner kaufen, sodass sich keine zusätzlichen Dinge ansammeln. Sobald ich mit einem Projekt fertig bin, schmeiße ich den Umschlag einfach so, wie er ist, weg.

Entwickeln Sie für sich ein System, mit dem Sie Ihre Postangelegenheiten immer sofort erledigen und verwalten können.

Balkon und Garten sind wichtige Bereiche des Hauses

Was sehen Sie, wenn Sie aus Ihrem Zimmer auf den Garten oder den Balkon hinausblicken?

Am besten ist es, wenn Ihr Blick auf gepflegte Bäume und auf je nach Jahreszeit prächtig blühende Blumen fällt. Ist der Garten aber verwildert oder steht auf dem Balkon lauter Gerümpel herum, ist Vorsicht geboten. Dann sollten Sie entsprechende Maßnahmen erwägen.

Es heißt: »Ein Garten ist wie dessen Besitzer.« Diese Redewendung impliziert, dass der Garten eines Hauses Ausdruck der dort wohnenden Menschen ist und dass er zugleich das Wesen der Personen dort stark beeinflusst.

Während das Innere eines Hauses in gewissem Sinne einen anorganischen Raum darstellt, ist der Garten, als Teil der Natur, organisch. Er stimmt die Herzen der Menschen friedlich und besänftigt sie.

365 Tage im Jahr blicken wir durch das Fenster auf unseren Garten oder den Balkon hinaus, der somit einen ungeheuren Einfluss auf uns ausübt. Wenn wir dabei die Äste und Zweige der Bäume wild in den Himmel wachsen sehen oder verwelkte Blumen und lauter unnötigen Kram vor uns haben, den niemand aufzuräumen gedenkt, irritiert uns das, und folglich kommen wir nicht zur Ruhe.

Vielleicht stört es uns nur einen Moment, aber solche Momente summieren sich, sie gehen über Jahre und Jahrzehnte und bestimmen das gesamte Leben der betreffenden Personen.

Ist der Blick nach draußen mit Unbehagen verknüpft, führt das schon bald zu einer Abstumpfung der Herzen. Bereichert uns umgekehrt die Landschaft vor unseren Augen, bringt das eine Kraft und Stärke in uns hervor, mit der wir auch unangenehme Erlebnisse schneller überwinden.

Es ist nicht übertrieben zu sagen, dass das Leben eines Menschen wesentlich dadurch beeinflusst wird, ob sein Blick aus dem Fenster zu einem Wohlgefühl oder aber zu Unbehagen führt.

Durch den Blick in den Garten nehmen wir unmittelbar am Wandel der Jahreszeiten teil.

Natürlich empfinden wir diesen Wandel auch, wenn wir im Haus Blumen aufstellen oder es mit anderen jahreszeitlichen Dingen schmücken. Doch der Garten vermittelt uns die Veränderung der Jahreszeiten auf viel dynamischere Weise.

Im Frühling sprießt das frische Grün, die Blumen öffnen sich. Schmetterlinge und Vögel fliegen herbei und zeigen ihre ganze Pracht. Mit dem Zwitschern der Vögel kehrt Frieden in unsere Herzen ein.

Wenn im Herbst die bunten Blätter tanzen und sich die Äste im kalten Wind wiegen, spüren wir den Winter nahen. Falls Sie Bäume in Ihrem Garten haben, die Beeren tragen, wohnen Sie vielleicht dem Schauspiel bei, wie die Vögel mit ihren Schnäbeln nach den bunten Früchten picken.

Auch auf Ihrem Balkon zeigt sich in Töpfen und

Blumenkästen der Wandel der Jahreszeiten in den unterschiedlichsten Facetten.

Wenn wir im Gespür für den Wandel der Jahreszeiten leben, der sich in die Landschaft einwebt, bekommt das Leben einen besonderen Glanz.

Gefällt Ihnen ein westlicher oder ein japanischer Garten besser? Möchten Sie vielleicht einen Gemüsegarten anlegen oder lieber hübsche Blumen pflanzen? Viele Köpfe, viele Sinne, heißt es, denn jeder Mensch hat seinen eigenen Geschmack.

Gestalten Sie Ihren Garten oder Ihren Balkon so, wie es Ihrem Lebensstil und Ihren Neigungen entspricht.

Sie müssen nur ein wenig Hand anlegen, und schon wächst und gedeiht alles von ganz alleine. Pflanzen um sich zu haben und ihr Wachsen hautnah mitzuerleben, ist ein wahrer Genuss.

Dafür brauchen Sie keinen großen Garten, es ist auch in einem kleinen Garten oder auf einem Balkon möglich. Schon ein paar Töpfe mit Blumen schaffen eine heitere Atmosphäre. Wenn Sie täglich Ihre Blumen gießen und wachsen sehen, werden Sie eine solche Zuneigung für sie entwickeln, dass es Ihnen eine Freude ist, sich um sie zu kümmern.

Sie können auch Bäume mit Zitrusfrüchten oder Blaubeersträucher pflanzen und sich an der Ernte freuen. Wenn Sie gerne kochen, sollten Sie vielleicht ein Kräuterbeet anlegen. Kräuter sind robust und brauchen nicht viel Pflege, und außerdem lassen sie sich in der Küche verwenden. Da schlagen Sie gleich zwei Fliegen mit einer Klappe.

Sie können zu diesem Zweck Setzlinge kaufen und in die Blumenkästen pflanzen, die werden schnell größer, aber ich empfehle Ihnen, es ruhig mit Samen zu versuchen. Es ist so schön zu beobachten, wenn die Keime und die ersten Blätter sprießen.

Menschen, die keine Zeit fürs Gärtnern haben, rate ich, Gemüse zu ziehen. Die meisten glauben zwar, Gemüseanbau sei zeitaufwendig, aber das ist nicht wahr.

Es gibt jede Menge Gemüsesorten wie Kirschtomaten, Auberginen, Gurken und Paprika, die schon nach zwei, drei Monaten geerntet werden können. Und niemand muss ein Profi sein, um Gemüse in einem Blumenkasten oder einem großen Blumentopf zu ziehen. Am einfachsten sind Petersilie oder Shiso-Pflanzen.

Auch Rankpflanzen sind schön, allerdings müssen Sie sich dafür erst einmal die Mühe machen, einen Zaun oder ein Netz zu spannen. Doch wenn Sie im Sommer Kürbis, Wicken oder Ballonrebe pflanzen, haben Sie schon bald einen grünen Blättervorhang, der Sie vor dem Einfall der Sonne schützt.

Bauen Sie sich in Ihren Garten oder auf dem Balkon mit all den geliebten Pflanzen eine kleine Holzterrasse, dann haben Sie einen Platz, an dem Sie sich immer entspannen können.

Hier kommen Sie zur Ruhe, und hier sind Sie im unmittelbaren Kontakt mit der Natur. Bald wird Ihnen dieser Platz so kostbar sein, dass Sie ihn mit nichts auf der Welt tauschen möchten.

Gartenarbeit beginnt mit der Beobachtung

Das Wichtigste bei der Gartenarbeit ist, genau hinzusehen.

In welchem Zustand befinden sich Bäume und Pflanzen? Hat das Unkraut überhandgenommen? Stapeln sich zu viele Gartenabfälle in der Ecke?

Dasselbe gilt für den Balkon. Stehen dort Töpfe mit verwelkten Pflanzen herum? Ist es nicht an der Zeit, ein paar der Gewächse umzutopfen?

Sehen Sie genau hin, so als würden Sie mit Ihrem Garten und Balkon sprechen. Geben Sie den Pflanzen, die ihre Blätter hängen lassen, ordentlich Wasser. Am nächsten Tag haben sie sich schon erholt und strecken ihre Blattspitzen in die Höhe. Pflücken Sie die welken Blätter ab, die neuen werden bald nachwachsen. Unkraut und Müll stören die Harmonie des Gartens. Zupfen Sie das Unkraut aus und räumen Sie den Müll weg, damit alles wieder wohltuend und frisch wird.

Was braucht Ihr Garten, um im Gleichgewicht zu sein? Fühlen sich die Pflanzen wohl?

Alles beginnt mit der Beobachtung. Beobachten Sie Ihre Pflanzen genau, dann wissen Sie, wie Sie sie am besten versorgen müssen, und Ihr Garten wird so aussehen, wie er aussehen soll.

Wenn wir uns um unsere Pflanzen kümmern, antworten sie. Der Garten gedeiht. Die Natur schenkt uns die Energie zurück, die wir ihr gegeben haben. Das ist eine große Freude.

Pflanzen und Bäume genau zu beobachten ist nichts anderes, als mit der Natur eins zu werden, und zeigt unsere innere Gelassenheit.

Wenn wir aber durch Sorgen oder andere Gedanken abgelenkt und nicht wirklich anwesend sind, werden wir unseren Garten nicht richtig wahrnehmen können, egal aus welcher Nähe wir ihn betrachten. Wir sind nicht empfänglich für seine Schönheit, wir sehen nicht, wie hübsch die Blumen blühen und wie schön das bunte Herbstlaub den Boden bedeckt. Das ist bedauerlich.

Im Kontakt mit der Erde finden Menschen Frieden. Es macht uns Freude, wenn wir uns um Pflanzen kümmern und im Garten oder auf dem Balkon Hand anlegen, es trägt zu unserem seelischen Wohlbefinden bei.

Da genügt schon ein einziger Blumentopf. Versuchen Sie, die vitale Kraft zu spüren, mit der die Pflanze im Sonnenlicht wächst. Versuchen Sie, die Wärme der Erde zu spüren, mit der sie das Leben nährt. Sorgen Sie für solche Momente in Ihrem Leben.

Die Natur offenbart sich in den Pflanzen im Garten und auf dem Balkon, sie spornt uns zum Leben an.

3

Veränderungen im Wohnen verändern das Leben

Leben mit Dingen und Räumen

Jeder Gegenstand, der in unsere Hände gelangt, ist durch die Hände von mehr als hundert Personen gewandert, weshalb wir, wie bereits im ersten Kapitel ausgeführt, darauf achten sollten, nichts zu verschwenden.

Erscheint angesichts dieser Tatsache nicht auch das Haus, in dem wir wohnen, in einem ganz anderen Licht? Möbel, Geschirr, Kleidung, Elektrogeräte und Einrichtungsgegenstände, in jedem einzelnen Gegenstand stecken die Ideen vieler Personen. Dasselbe gilt für die Wände, Fußböden, Decken und für die Beschläge an Fenstern und Türen. In allem, was wir vor uns sehen, hat sich die Erfahrung vieler Personen kristallisiert.

Auch das von Ihnen bewohnte Gebäude vereint das Wissen derer, die es errichtet haben. Ohne die Zusammenarbeit all der Handwerker und Techniker gäbe es Ihr Haus nicht.

Möglicherweise haben diese Personen bis zur Fertigstellung Ihres Hauses extreme Hitze und große Kälte durchgestanden. An manchen Tagen hat es vielleicht gestürmt oder in Strömen gegossen, sodass der ein oder andere sicher lieber zu Hause geblieben wäre. Doch alle haben mit Eifer ihre Arbeit verrichtet, und jetzt steht das Haus da, in dem Sie wohnen. Sie leben, anders gesagt, in Räumen, in denen die Gefühle unzähliger Menschen geborgen sind. Manche mögen das für selbstverständlich halten: »Ist doch logisch, dass sie hart arbeiten, sie werden ja dafür bezahlt«, sagen sie, oder: »Klar, das ist ja ihre Arbeit«. Das ändert jedoch nichts an der Tatsache, dass die Erfahrung, die in dieser Arbeit steckt, ungemein kostbar ist.

Wir verdanken unser Leben Dingen und Räumen, in die viele andere Menschen ihre Ideen investiert haben.

Für gewöhnlich haben wir nicht die Muße, um uns darüber Gedanken zu machen.

Halten wir uns jedoch die Zusammenhänge vor Augen, in denen die einzelnen Gegenstände entstanden und in unsere Hände gelangt sind, stellen wir voller Rührung fest, wie dankbar wir dafür sind.

Daraus erwächst die Frage, inwieweit wir diese Räume wertschätzen und wie wir in ihnen leben wollen.

Die Räume wertzuschätzen, in denen wir leben, bedeutet, die wahre Gestalt der Dinge darin neu zu entdecken und einen Platz für sie zu finden, der ihnen angemessen ist. Es bedeutet, saubere und schlichte Räume zu schaffen.

In solchen Räumen beginnt unser Herz, von selbst zu glänzen, und wir spüren, dass wir uns klarer fühlen. Wir sollten nie vergessen, wie kostbar die Räume sind, in denen wir leben und in die so viele Menschen ihre Erfahrung haben einfließen lassen, und immer Dankbarkeit empfinden.

Sauber machen zeigt die Wahrheit im Alltäglichen

Es gibt unendlich viele menschliche Gesichter, und keins ist wie das andere.

Doch bei allen Menschen bilden die Augen eine horizontale Linie, und die Nase sitzt senkrecht im Gesicht. Es gibt niemanden, der den Mund über den Augen trägt oder bei dem die Nase waagerecht aus dem Gesicht herausschaut.

Im Zen nennen wir das: »Augen-quer-Nase-senkrecht«.

Das Selbstverständliche ist am selbstverständlichen Ort auf selbstverständliche Weise. Selbst wenn wir Menschen das ändern wollten, wir könnten es nicht.

Eine solche Tatsache, die das menschliche Vermögen überschreitet und unabänderlich ist, nennen wir »Wahrheit«. Und wenn wir dieser Wahrheit mit unserem ganzen Körper gewahr werden, nennen wir das »Erleuchtung« – *satori*.

Sind wir jedoch in unserem Ego und unserer Obsession gefangen, können wir diese Wahrheit nicht erkennen. Auf unserem Willen beharrend, rennen wir unseren Begierden nach und fügen uns selbst Leid zu.

Der Zen-Priester Zhaozhou, der am Ende der Tang-Dynastie in China lebte, fragte einen Novizen, der gekommen war, um bei ihm in die Lehre zu gehen: »Hast du Reisbrei gegessen?« Als dieser antwortete:

»Ja, das habe ich«, sagte Zhaozhou: »Dann wasch dein Geschirr.« Vielleicht ist diese Antwort Ihrer Meinung nach nicht das, was der junge Mönch von dem Priester hören wollte, aber es heißt, er habe dadurch Erleuchtung erlangt.

Wenn wir essen und danach das Geschirr abwaschen, ist das für uns ein ganz selbstverständlicher Akt, etwas, das wir tagtäglich tun. **Zhaozhou wollte mit seinen Worten wahrscheinlich zum Ausdruck bringen, dass die Wahrheit keine schwer verständliche Theorie aus einer anderen Welt ist, sondern sich inmitten dessen befindet, was wir als selbstverständlich erachten, was uns als ganz gewöhnlich erscheint – und dass vor allem unser tägliches Handeln zählt.**

Die wahre Lehre des Zen übermittelt sich nicht in Worten. Erleuchtung ist in Worten nicht möglich, heißt es im Zen. Wenn beispielsweise ein Meister im Bogenschießen einem Anfänger erklären will, wie er den Pfeil abschießen soll, kann er noch so viele Worte darauf verwenden, sein Schüler wird es, wenn er nur dasitzt und zuhört, nicht begreifen. Versucht dieser aber, das Gehörte in die Tat umzusetzen, versteht er, worum es geht. Nachdem er Dutzende und Hunderte Pfeile abgeschossen hat, hat sein Körper den Akt verinnerlicht. Genauso wiederholt auch der Zen-Priester seine Übungen, um nicht mit Worten, sondern mit dem Körper zu verstehen.

Wenn wir die Wolken von unserem Herzen vertreiben, werden wir, ohne dass wir es merken, die Wahrheit von selbst erkennen. Deswegen müssen wir jeden

Tag sauber machen. So wie wir unser Herz zum Glänzen bringen. Als wollten wir es von dem Schmutz, der daran haftet, befreien.

Putzen und Erleuchtung sind eng miteinander verbunden

Zhongfeng Mingben, einer der wichtigsten Zen-Priester während der Yuan-Dynastie in China, hat seine jungen Schüler immer zum Putzen angehalten.

Doch seine Schüler waren begierig zu lernen und bedrängten ihren Lehrer täglich mit Fragen: Was ist Erleuchtung? Wie können wir den Weg Buddhas meistern? Zhongfeng aber antwortete immer nur: »Trage stets Besen und Staubwedel bei dir und wische Staub in den Tempelgebäuden.«

Schon vor vielen Hundert Jahren wurde also im Zen das Putzen als ein Weg geschätzt, der zur Erleuchtung führt.

Aber was hat Putzen mit Erleuchtung zu tun? Dazu gibt es eine höchst interessante Anekdote. Sie handelt von dem chinesischen Zen-Priester Xiangyan Zhixian und dessen Erleuchtung.

Eines Tages bekam der Mönch Xiangyan von seinem Lehrer, dem Bonzen Guishan, das folgende Kōan gestellt: »Nenne mir das Wort vor Vaters und Mutters Geburt.« Kōan sind Denkaufgaben, die der Lehrer seinen Schülern stellt.

In einfacheren Worten lautet dieses Kōan: »Was war dein Gesicht vor Vaters und Mutters Geburt?« Es hat eine spezielle Bedeutung: Mit »Vater und Mutter« sind hier nicht die Eltern gemeint, sondern das Denken, das alles in zwei teilt, in gut und böse, schwarz und weiß, schön und hässlich. Frei übersetzt stellt das Kōan also die schwierige Aufgabe: »Nenne mir einen grundlegenden Geist, der nicht gefangen ist in Gut und Böse oder Liebe und Hass.«

Gut und Böse, Liebe und Hass sind dualistische Sichtweisen, mit ihnen lassen sich keine richtigen Urteile fällen. Aber ein grundlegender Geist, der nicht darin befangen ist … Xiangyan wusste keine Antwort auf das Kōan.

Er trennte sich von seinem Lehrer und verbrannte alle Bücher, die er besaß. Er hatte verstanden, dass er sich, um Wahrheit zu finden, nicht auf Worte und Wissen verlassen durfte.

Danach verbrachte Xiangyan eine Zeit als Grabwächter bei Meister Huizhong, dem er höchsten Respekt zollte.

In dieser Zeit geschah es, dass er mit dem Besen den Boden fegte, als plötzlich ein kleiner Stein hochhüpfte und gegen einen Bambus prallte. Ein winziger Laut ertönte, und da hatte Xiangyan eine Erleuchtung. »Ohne den Bambus und den Stein hätte es kein Geräusch gegeben.« Er wurde sich bewusst, dass erst der zufällige Zusammenprall von Bambus und Stein ein Geräusch erzeugt hatte, jeder für sich allein hätte das nicht vermocht. Nach dieser Erleuchtung stellte er sich in Richtung seines Lehrers Guishan auf und betete, heißt es. Das ist die berühmte Episode vom »tönenden Bambus des Xiangyan«.

Der Zusammenprall von Stein und Bambus mag nur der winzige Auslöser gewesen sein. Doch hat nicht Xiangyan, der unermüdlich seinen Weg suchte und sich jeden Tag in die Arbeit des Putzens vertiefte, dadurch Erleuchtung gefunden?

Putzen ist der Moment, in dem wir im Alltag vollkommene Gelassenheit erlangen können. Wenn wir mit freiem und offenem Geist sauber machen, werden wir »eins mit der Arbeit«. Und in diesem Moment des Nichts finden wir möglicherweise die Gelegenheit zur Erleuchtung.

Ist unser Geist allerdings abwesend, wird Putzen zu etwas völlig anderem, dann ist es nur noch Pflicht und Arbeit.

Vergessen wir unsere täglichen Sorgen und Leiden jedoch und konzentrieren uns ganz darauf, den Schmutz und Müll vor unseren Füßen zu entfernen, mündet diese Zeit mit Gewissheit in den Weg, der zur großen Erkenntnis führt.

Es gibt einen Ausspruch, der uns lehrt, was »eins werden« bedeutet. Es stammt von dem bereits erwähnten Zen-Priester Zhaozhou und lautet: *»Kissako«*, was so viel heißt wie »Lassen Sie uns Tee trinken«.

Von Zhaozhou wird berichtet, er habe, wenn ihn ein Mönch besuchte, egal ob dieser zum ersten oder zum wiederholten Male zu Besuch kam, diesem angeboten, Tee zu trinken: »Kissako.« Als ihn daraufhin der Vorsteher des Tempels fragte, warum er seine Besucher alle gleichermaßen zum Tee einlade und keinen Unterschied mache zwischen denen, die ihn zum ersten Mal besuchten, und denen, die schon mehrfach da gewesen wären, gab Zhaozhou zur Antwort: »Kissako – Lassen Sie uns Tee trinken.«

Stand und Stellung zählen nicht. Wichtig ist, sich ganz einer Sache hinzugeben, nämlich der, Tee zu trinken. Das war es wohl, was uns der Zen-Meister Zhaozhou mitteilen wollte.

Teetrinken ist etwas Alltägliches. Doch wenn wir das wohlriechende Aroma und den süßen Geschmack, der sich sanft im Mund ausbreitet, aus tiefstem Herzen genießen, werden der Tee und wir eins. Dieser Moment des Wohlbehagens lässt sich nur schwer in Worte fassen.

Es gibt nichts außer uns und dem Tee, und genau dieser Zustand des Einsseins vermittelt uns Wahrheit. Die Übungen im Zen versetzen uns in diesen Zustand.

Wenn ich von Übungen und Erleuchtung spreche, meine ich damit keineswegs etwas Außergewöhnliches.

Wer mit Eifer und Gelassenheit putzt, fühlt sich erfrischt. Dieses Gefühl der Frische allein beweist sozusagen schon, dass wir auf dem Weg zur Erleuchtung sind.

Mit Schlichtheit zum ursprünglichen Selbst zurückfinden

Aus welchen Gründen haben Sie zu diesem Buch gegriffen?

Vielleicht, weil Sie zu Hause aufräumen und sich dort wohlfühlen wollen oder weil Sie keine Lust mehr auf das Chaos in Ihrer Wohnung haben. Einige von Ihnen interessieren sich vielleicht auch für Zen und Buddhismus.

Doch verbirgt sich hinter alldem nicht noch ein weiterer Grund? Der Wunsch nämlich, glücklicher sein zu wollen, ein neues Ich, ein besseres Leben schaffen zu wollen?

Jeder kennt das Bedürfnis, sein Leben ändern zu wollen. Wir sind von dem Gedanken getrieben: Wenn ich das oder jenes mache, wird alles besser. Oder: Wenn ich das oder jenes habe, werde ich glücklich sein.

Wir neigen dazu, zu glauben, dass wir, wenn wir andere Sachen besitzen, anders denken oder einen anderen Lebensstil haben als bisher, auch glücklicher sein werden als zuvor.

Im Zen aber geht es nicht darum, etwas Neues zu bekommen, sondern darum, sich von unnötigen Dingen zu lösen, sie wegzuwerfen und dadurch den Weg zum Glück zu beschreiten.

Loslassen, woran wir hängen und was uns hemmt, sich frei machen von Begierden und Eitelkeiten, allen Schmutz und Staub von uns abstreifen. Uns von dem lösen, was wir nicht mehr brauchen, und unser Zuhause und unser Herz gründlich reinigen. Wenn wir das tun, wird unsere Buddha-Natur erscheinen, die wir aufgrund der dichten Wolken bisher nicht sehen konnten. Sie ist unser ursprüngliches, durch kein Wölkchen getrübtes Selbst.

Wenn wir uns all der unnötigen Dinge entledigt und zur Schlichtheit zurückgefunden haben, können wir auch zu unserem Selbst zurückfinden, das wir aus dem Blick verloren hatten.

Haben wir zu unserem ursprünglichen Selbst zurückgefunden, fühlen wir uns frei. Sind wir nur noch von den wirklich notwendigen Dingen umgeben, fängt ein ruhiges Leben an.

Das Wort für Mönch – *unsui* – stammt von dem Wort *kōunryūsui* her, was so viel bedeutet wie »ziehende Wolken, fließendes Wasser«. Diese vier Schriftzeichen beschreiben die Gestalt des Mönches als einen, der auf der Suche nach seinem Weg stetig – so wie die Wolken über den Himmel ziehen und der Strom des Wassers dahinfließt – seine Reise der Übungen beschreitet.

Wenn Sie zu Ihrem verloren gegangenen Selbst zurückfinden, wenn Ihr ursprüngliches Selbst wieder zu leuchten beginnt, dann spüren Sie vielleicht etwas von dem inneren Zustand des *kōunryūsui*. Es gibt nichts Schöneres, als durch Putzen in diesen Zustand zu gelangen.

Durch Aufräumen mehrt sich das Glück

Eines Tages wurde ich gefragt: »Wenn ich mein Zimmer aufräume und putze, habe ich dann auch mehr Glück?«

Ursprünglich dient Putzen dazu, das Herz zum Glänzen zu bringen. Wir machen sauber, um uns frisch und klar zu fühlen. Wer putzt, um sein Glück zu vermehren, zäumt das Pferd gewissermaßen von hinten auf. Zweifellos aber mehrt sich das Glück durch Putzen ganz von alleine. Der Grund dafür ist folgender:

Wenn Sie Ihr Zimmer aufräumen und putzen, bringen Sie Ihre allernächste Umgebung in Ordnung. Wer in aufgeräumten Räumen lebt, fühlt sich körperlich und seelisch wohl. Putzen schafft Ordnung im Her-

zen, und das führt dazu, dass auch der Körper, der dort zu Hause ist, in Ordnung kommt.

Wenn in Körper und Herz Ordnung herrscht, nehmen die Menschen vieles wahr, was sie vorher nicht bemerkt haben.

In uns entfaltet sich eine emotionale Gelassenheit, und unser ursprüngliches Selbst fängt an zu strahlen. Wenn dann die Glücksgöttin vor uns steht, können wir das Glück sofort beim Schopf ergreifen.

Allerdings ist es nicht leicht, das Herz zum Glänzen zu bringen und Gelassenheit zu erreichen, so eifrig wir es auch versuchen mögen. Denn unsere Obsessionen und Begierden haben uns fest im Griff.

Die Begierde nach einem guten Ansehen beschränkt uns in unserem Verhalten. Von Vorurteilen geblendet, vermögen wir nicht die wahre Gestalt der Menschen und Dinge zu erkennen. Außerdem sind wir – das gilt wahrscheinlich für uns alle – geprägt von unserer Vergangenheit.

Wenn wir aber durch Putzen unsere Umgebung verändern und zu Schlichtheit finden, wirkt sich das auch auf unser Herz aus. Die Wolke, die vorher über ihm lag, verfliegt, und der Spiegel unseres Herzens klart auf. Dieser Zustand ist die Grundlage dafür, unser Glück zu mehren.

Zwei Wochen morgens putzen, und schon ändert sich die Körperhaltung

In unserer Ausstrahlung und unserem Auftreten zeigt sich, wie wir für gewöhnlich leben und mit welchen Dingen wir uns umgeben.

Oft wird gesagt, dass Mönche, die über viele Jahre ihre Übungen praktizieren, schöne Bewegungen haben. In ihrem Benehmen ist nichts Überflüssiges. Das liegt daran, dass sie nach strengen Regeln leben und sich nicht mit unnötigen Dingen umgeben. Über viele Jahre solch ein Leben zu führen schärft auch den Geist. Selbst die gewöhnlichen Gesten werden feiner und schöner.

Den meisten Menschen ist es allerdings nicht möglich, ein so strenges Leben wie die Mönche zu führen. Doch jeder kann sich für sein Leben eigene Regeln schaffen.

Beginnen Sie zunächst damit, jeden Morgen fünf Minuten lang zu putzen, so wie ich es im zweiten Kapitel beschrieben habe. Es sind zwar nur einige Minuten, aber wenn Sie die jeden Morgen einhalten, wird das in Ihrem Alltag eine große Veränderung bewirken.

Die sinnlichen Begierden, die unserer wahren Buddha-Natur wie wucherndes Fleisch anhaften, betören uns und führen zu einem Zustand der Geistesabwesenheit. Zerstreut, wie wir sind, machen wir Fehler, sind nicht recht bei der Sache, verlieren Dinge, kurzum, in unserem Leben herrscht Dissonanz.

Nach strikten Regeln zu leben, wie wir es im Zen-Tempel tun, hilft, sich der Begierden zu entledigen und die eigene wahre Buddha-Natur zum Strahlen zu bringen. Auch Ihr Herz wird, wenn Sie jeden Morgen den Regeln gemäß putzen, Beständigkeit erfahren und der Verlockung durch sinnliche Begierden seltener erliegen.

Versuchen Sie zunächst, eine Woche lang jeden Morgen sauber zu machen. Sie merken bestimmt, wie sich Ihr Alltag verändert. Auf einmal empfinden Sie schon für Kleinigkeiten Dankbarkeit und akzeptieren Dinge, die früher Ihren Widerwillen hervorgerufen hätten. Sie haben mehr innere Ruhe gewonnen.

Nach zwei Wochen spüren Sie, dass Sie an Selbstbewusstsein gewonnen haben. Das zeigt sich auch äußerlich. Ihr Gang verändert sich, und Sie werden noch selbstbewusster. Wenn wir niedergeschlagen sind, gehen wir nach vorne gebeugt. **Umgekehrt sind wir, wenn wir den Rücken gerade halten, die Brust vorstrecken und nicht auf unsere Umgebung achten, mehr wir selbst. Körperhaltung und innere Verfassung stehen in Relation zueinander, sie sind zwei Seiten einer Medaille.**

Im Zen gibt es den Ausdruck *igi soku buppō*, was so viel heißt wie: Würde und Lehre Buddhas. In einer würdevollen Körperhaltung und einem korrekten Auftreten zeigt sich der Geist Buddhas. Sie sind Teil der Umsetzung der Lehre Buddhas in die Praxis.

Wenn Sie durch das Putzen Ihre Körperhaltung im Alltag festigen können, wendet sich auch Ihr Leben als Ganzes zum Guten.

Weg von den ewigen Wünschen

Die menschlichen Begierden kennen keine Grenzen. Selbst wenn wir haben, was wir wollen, sind wir nicht zufrieden, sondern verlangen schon nach dem Nächsten. Noch besser, noch neuer muss es sein … Unsere Wünsche sind hemmungslos. Wir sind davon besessen, Dinge unbedingt haben zu müssen. Es ist die Spirale des Begehrens, die Spirale des Besitzens.

Einmal in diese Endlosspirale hineingeraten, gibt es kein Entkommen mehr. Die meisten Menschen merken nicht einmal, dass sie darin gefangen sind.

Was müssen wir tun, um aus dieser Spirale hinauszugelangen? Hier gilt es, sich selbst nicht aus dem Blick zu verlieren. **Wir müssen versuchen, zu erkennen, was unser ursprüngliches Selbst empfindet, was es tun möchte und was sich hinter unseren Wünschen verbirgt.**

Viele Menschen besitzen Dinge, die sie nicht benutzen, Kleider, die sie kein einziges Mal getragen haben. Warum verwenden sie diese Dinge nicht? Weil sie Kleidung aus Eitelkeit kaufen und um nach etwas auszusehen. Sie kaufen aus dem Wunsch heraus, etwas haben zu wollen, obwohl sie es gar nicht brauchen, und sind zufrieden, wenn sie die Sachen bloß besitzen.

Natürlich sind Begierden in einem gewissen Ausmaß fürs Leben notwendig. Aber es ist wichtig, das rechte Maß zu kennen. Ich habe es bereits geschrieben: Sich zufrieden geben mit den Dingen, die einem momentan zur Verfügung stehen.

In dem sogenannten *Vermächtnis-Sutra*, das Shakyamuni vor seinem Tod lehrte, heißt es: »Wer wenig Begierden kennt, hat wenig Mühsal. Wer viele Begierden kennt, hat auch viel Mühsal.«

> *Auch wenn die Genügsamen am Boden liegen, ist ihnen wohler zumute.*
> *Auch wenn die Ungenügsamen im Himmel sitzen, finden sie keine Erfüllung.*
> *Auch wenn die Ungenügsamen Reichtümer besitzen, sind sie arm.*
> *Auch wenn die Genügsamen arm sind, sind sie reich.*
> *Das bedeutet »genügsam«.*

Wer sich zu begnügen weiß, der fühlt sich wohl im Hier und Jetzt, aber wer voller Begierden ist, findet keine Zufriedenheit, auch wenn er noch so ein schönes Leben führt.

Läutet irgendeine Glocke in Ihnen, wenn Sie das lesen?

Reicht nicht das, was ich jetzt besitze? – Wer sich diesen Satz vor Augen hält, dem wird jeder Tag zur wahren Freude.

Tief durchzuatmen hilft bei Kaufgelüsten

»Ich habe beim Ausverkauf lauter Sachen gekauft, die ich überhaupt nicht brauche«, höre ich immer wieder. Jeder kennt das Phänomen. Angesichts der vor uns ausgebreiteten Waren und vom Trubel in den Geschäften befeuert, heben wir ab und entfernen uns immer mehr von unserem ursprünglichen Selbst.

Im Zen heißt es: »Dem Kopf soll man kein Ding überlassen.« Denn wenn wir mit dem Verstand denken, fällt es schwer, die Verbindung zum ursprünglichen Selbst zu halten.

Wenn wir streiten beispielsweise, steigt uns das Blut zu Kopf, und wir geben unwillkürlich Dinge von uns, die wir sonst nie äußern würden und die unser Gegenüber verletzen. Wir tun dies, weil wir nicht mit dem Bauch oder dem Herzen, sondern mit dem Kopf reagieren.

Der von mir verehrte Zen-Meister Kōshū Itahashi hat einmal erzählt, dass er immer, wenn er wütend war, dreimal hintereinander »Vielen Dank, vielen Dank, vielen Dank« rezitiert habe. Schon währenddessen habe er sich beruhigt, und schließlich seien Wut und Ärger verraucht.

Nicht gleich reagieren, sondern erst einmal tief durchatmen: Auf diese Weise finden wir zu unserem gewohnt besonnenen Selbst zurück.

Atmen Sie tief durch, wenn Sie den Kaufrausch in sich spüren. Atmen Sie tief ein und aus und ermahnen

Sie sich, einen Moment innezuhalten. So können Sie sich vergewissern, ob Sie wirklich brauchen, was Sie kaufen wollen, und ersparen sich, unnütze Dinge zu erwerben, auch wenn Sie sie in dem Moment für nützlich halten.

Wichtig dabei ist, dass Sie bewusst in den Bauch atmen.

Lassen Sie die Schultern sinken und entspannen Sie sich. Konzentrieren Sie sich auf das *tanden*, das Zentrum Ihres Bauches, das etwa 75 Millimeter unter Ihrem Bauchnabel liegt, und atmen Sie tief ein und aus.

Blasen Sie beim Einatmen Ihren Bauch auf und lassen Sie beim Ausatmen die Luft wieder heraus. Strecken Sie gleichzeitig die Wirbelsäule. Mit einer aufrechten Haltung kommt auch die Atmung in Ordnung. Nachdem Sie ein paar Male so ein- und ausgeatmet haben, kommen Sie allmählich zur Ruhe und gewinnen Ihre Gelassenheit zurück.

Die Bauchatmung ist nicht nur bei Anfällen von Kauflust zu empfehlen, sondern auch bei anstrengenden Konferenzen oder vor Präsentationen. In hektischen oder angespannten Situationen wird die Atmung flach. Die Schultern verkrampfen sich, und der Körper knickt ein. In diesem Zustand können wir unsere eigentlichen Kräfte nicht entfalten und keine Entscheidungen treffen. **Atmen Sie in solchen Momenten in aller Ruhe mehrmals in den Bauch, dann finden Sie zu Ihrem gewohnten Ich zurück.** Sie sollten diese Hilfsmaßnahme für alle Fälle stets im Kopf behalten.

Warum stimmt der Blick in einen Zen-Garten ruhig?

Haben Sie schon einmal im Garten eines Zen-Tempels einen Steingarten gesehen?

Bei der Betrachtung dieser Steingärten, die mit ihren Steinen und dem weißem Sand die weite Natur symbolisieren, spüren wir, wie unser Herz aufklart. Wir könnten ewig dort sitzen bleiben und auf diese Landschaft blicken.

Ursprünglich wurden die Steingärten zur Zen-Übung angelegt.

Früher lebten die Zen-Mönche tief in den Bergen, wo sie ihren Übungen nachgingen, doch als sie in die Städte zogen und nicht mehr die Berge hatten, wo sie ihre Übungen praktizieren konnten, bauten sie sich in den Gärten die Natur der Bergwelt nach.

Mit Blick in den Garten übten sich die Zen-Mönche im Zazen und sinnierten über die geheimnisvollen Täler und Wälder. In der Konfrontation mit den Steingärten betrachten wir uns selbst. Die dicke Schale, mit der wir uns für gewöhnlich umhüllen, wird durchlässiger. Die Wendung »das Herz wird gewaschen« trifft es genau.

Auch wenn Sie noch keinen Steingarten gesehen haben, geht es den meisten von Ihnen wahrscheinlich ähnlich, wenn Sie im Tempel vor den Buddha-Statuen von Shakyamuni, Amida Nyōrai oder der Kannon-Göttin stehen. Vor deren erhabenen Gesichtern finden unsere Herzen Ruhe, und wie von selbst legen wir die Hände aneinander.

Angesichts heiliger oder schöner Dinge fühlen sich die Menschen wie neugeboren. Der Harnisch ihrer Herzen fällt ganz allein von ihnen ab, sodass ihr ursprüngliches Selbst zum Vorschein kommt.

Der weiße Sand, der die Steingärten bedeckt, lässt den Betrachter an den reinen Schnee tief in den Bergen denken. Er ist so weiß, dass er die Herzen läutert. Kein Material ist besser geeignet als dieser weiße Sand, um der Reinheit des Ortes Ausdruck zu verleihen.

Der Mond wiederum ist im Zen das Symbol für Reinheit und Erleuchtung. Die vom Mondlicht beschienene Welt symbolisiert den Zustand der Erleuchtung. Was für ein feierlicher Anblick, wenn in der lautlosen Nacht der Mond hell den weißen Sand des Steingartens beleuchtet.

Wir Japaner haben schon immer den Moment geschätzt, in dem wir an einem vom Alltag unterschiedenen, heiligen Ort zur neuen Betrachtung unserer selbst finden. Und wir haben alles dafür getan, um uns diesen heiligen Ort zu schaffen und zu bewahren.

Auch in Ihrem Umkreis gibt es sicherlich solche Orte. Sie sollten sie unbedingt aufsuchen und einen Moment der Ruhe finden. Wenn Sie danach nach Hause zurückkehren, haben Sie vielleicht Lust, so richtig mit dem Putzen loszulegen. Vielleicht wollen Sie auch Ihr Zimmer neu gestalten, damit es Ihrem neuen Selbst entspricht.

Japaner und ihre Sensibilität für die vier Jahreszeiten

Japan ist gesegnet mit dem Wandel der Jahreszeiten, und wir Japaner zeigen großes Geschick darin, ihren Zauber in den Alltag zu integrieren. Immer wenn ich nach einer Auslandsreise nach Hause zurückkehre, wird mir bewusst, welche Meisterschaft wir diesbezüglich besitzen.

Die Japaner zeigen sich für die kleinsten jahreszeitlichen Veränderungen empfänglich. Sie lieben die Vergänglichkeit der herabfallenden Kirschblüten und erfreuen sich im Sommer am Gesang der Zikaden und am Klang der Windglöckchen – auf diesen ausgeprägten Sinn für Ästhetik können wir stolz sein.

Aber in letzter Zeit scheint diese Wahrnehmung abzustumpfen, eine Tendenz, die sich in den Großstädten besonders deutlich, aber auch auf dem Land immer stärker bemerkbar macht. Alle hetzen durch ihren Alltag, sodass sie nicht mehr die Muße finden, den Blick auf die sich wandelnden Jahreszeiten zu wenden.

Heutzutage sind die Japaner viel beschäftigter als früher. Und es gibt immer mehr asphaltierte Straßen und Häuser aus Beton.

Vielleicht sind wir in einem Leben, das von der Natur abgeschnitten ist, notgedrungen auch für den Wandel der Jahreszeiten nicht mehr so empfänglich, was sehr bedauerlich wäre.

Früher achteten die Japaner auf die Bewegung der

Winde, sahen abends zum Himmel hoch und konnten aus ihren Beobachtungen das Wetter für den nächsten Tag voraussagen. Sie nutzten ihre fünf Sinne und befanden sich im Einklang mit der Natur. Sie unterwarfen sich die Natur nicht wie im Okzident, sondern lebten mit ihr in einer Symbiose.

Die Welt mag sich verändern, doch der Ablauf der Natur bleibt stets der gleiche. Die Jahreszeiten wechseln, ein warmer Frühlingswind weht, und die Blumenkelche öffnen sich. Im Herbst fegt der kalte Nordwind die Blätter von den Bäumen und kündigt den Winter an. Diese Wahrheit hat eine Dimension, die jedes menschliche Ermessen übersteigt.

Wir sollten uns von allem Überfluss lösen und zur Schlichtheit zurückfinden. **Machen Sie sich frei von all dem, was Sie im Augenblick mit sich herumtragen, dann können Sie die große Wahrheit des Universums in Ihrer unmittelbaren Nähe erkennen.** Dann entdecken Sie auch die Jahreszeiten in ihren vielfältigen Ausdrucksformen, wie Sie sie bisher nicht wahrgenommen haben.

»Wenn ich viele meiner Sachen wegschmeiße und dem Wunsch nach Schlichtheit folge, wird es dann nicht trostlos bei mir sein?« Kein Grund zur Sorge. Es gibt einen Reichtum, den wir gerade in schlichten Räumen genießen. Schon eine einzige Blume, die zu dieser Jahreszeit blüht, kann einen ganzen Raum in Schönheit erstrahlen lassen.

Unsere Vorfahren wussten um diese Schönheit.

Ein Herz für Spenden

Nachdem Shakyamuni im Alter von fünfunddreißig Jahren Erleuchtung fand, verbrachte er bis zu seinem Tod mit achtzig Jahren den Großteil seines Lebens auf Reisen und verbreitete überall im Land seine Lehre.

In der damaligen Zeit bedeutete die Entscheidung, Mönch zu werden, seine Familie zu verlassen und ganz auf sich gestellt herumzureisen, um sich zu üben und um andere zu bekehren. Heute können wir uns nicht mehr vorstellen, wie hart es gewesen sein muss, vor 2500 Jahren in Indien zu reisen. Shakyamuni war 45 Jahre lang unterwegs, ohne jeden Besitz und ohne irgendwo länger zu bleiben.

Er predigte seine segensreiche Lehre, und wo er hinkam, gaben ihm seine Anhänger Almosen. Doch Shakyamuni hatte sich von jeglichem Besitzdenken gelöst und benötigte nichts. Wenn er Almosen bekam, gab er sie, so heißt es, gleich an Menschen weiter, die ihrer bedurften.

Dennoch wurden ihm von seinen Anhängern immer wieder Dinge hingelegt. Er kannte daher, so wird es überliefert, in seinem Leben keine Not.

Seinen Besitz oder sein Vermögen ohne Bedauern an Bedürftige, Tempel, Schreine und wohltätige Organisationen zu geben, heißt auf Japanisch *kisha*, »spenden«, was wortwörtlich etwa »mit Freude wegwerfen« bedeutet.

Shakyamunis Taten bestanden genau in diesem freudigen Schenken.

Wenn wir uns nicht an Sachen klammern, die wir bekommen, sondern diese umgehend weitergeben, gelangen wieder andere Dinge zu uns – die Dinge beginnen zu zirkulieren.

Dies darf allerdings nicht die Gier erzeugen, etwas haben zu wollen, »weil ich ja etwas gegeben habe«, oder zu dem Dünkel führen, sich als etwas Besseres zu fühlen, »weil ich Gutes getan habe«.

Spenden dienen dem wichtigen Zweck, anderen Menschen zu helfen. Über einen längeren Zeitraum zu spenden kann zugleich den großartigen Effekt haben, dass sich der Spender selbst aus der Abhängigkeit von Geld und Dingen löst.

Vielleicht ist es sinnvoll, auch das Entsorgen von Sachen als Spende zu verstehen: sich nicht an Besitz klammern, sondern Dinge mit Freude weggeben beziehungsweise anderen Menschen überlassen oder zu einem Secondhandladen bringen. Wer sich das zur Gewohnheit macht, für den wird das Leben immer unbeschwerter.

Und schon kommen neue Dinge ins Haus. Es ist ein geheimnisvoller Kreislauf, der uns lehrt, den Dingen nicht nachzutrauern.

Durch Putzen insgeheim Wohltaten mehren

Hin und wieder höre ich, dass ein anonymer Spender Wohlfahrtseinrichtungen oder anderen Organisationen Geldmittel und Sachleistungen gespendet hat. Bei solchen Nachrichten bin ich berührt von den wunderbaren geheimen Wohltaten dieser Menschen. »Geheime Wohltaten« heißt, durch Taten insgeheim Wohltätigkeit zu mehren.

Dabei brüstet sich der Wohltäter nicht laut mit seinen guten Taten, sondern handelt vornehm und leise. Ist diese Art des Beitrags zur Gesellschaft nicht sehr japanisch?

Ein solcher Lebensstil dringt jedoch ganz von selbst an die Öffentlichkeit und macht von sich reden. **Geheime Wohltäter werden, auch ohne dass sie sich brüsten, von ihren Mitmenschen auf die Bühne gebracht.**

Vielleicht wollen auch Sie etwas Gutes tun, aber es ergibt sich keine Gelegenheit. Doch um Gutes zu tun, müssen Sie nichts Besonderes leisten. Versuchen Sie es einfach mit Putzen.

Sammeln Sie zu Hause, vor Ihrem Haus oder im Büro Müll auf, wenn Sie welchen sehen. Greifen Sie zum Besen oder Schrubber, wenn Sie Schmutz entdecken. Machen Sie all das, ohne etwas zu sagen. Wenn Ihre Umgebung sauberer wird, fühlen auch Sie sich besser. Und so können Sie die geheimen Wohltaten mehren.

In Kyōto, wo sich viele alte japanische Bräuche bewahrt haben, gibt es eine eigenartige Regel, die das Putzen vor den Hauseingängen betrifft. Sie besagt, dass man jeweils bis einen Meter ins Nachbargrundstück hineinfegen soll, genau einen Meter, alles Weitere gilt als übergriffig. Mit dieser Regel kommen die Leute gut miteinander aus. Selbstverständlich erwähnt keiner, dass er vor der Tür des anderen gekehrt hat. Die Menschen helfen einander, so gut sie können. Doch tun sie dies auf beiläufige Art, um den Nachbarn nicht zur Last zu fallen. Dieser Brauch ist ebenfalls eine Form der geheimen Wohltat und Ausdruck einer besonderen Feinfühligkeit der Japaner.

In Kyōto fegen auch die Angestellten der Unternehmen morgens die Straße. Nirgendwo liegt irgendwelcher Müll herum.

Wahrscheinlich hat sich diese Tradition erhalten, weil die Menschen in Kyōto stolz auf ihre Stadt sind. Aber es gibt vielleicht noch einen anderen Grund. **Menschen, die für die Stadt und ihre Bewohner Müll aufsammeln und deren Straßen kehren, fühlen sich besser. Sie machen nicht für die anderen sauber, sondern im Grunde für sich selbst.**

Heben auch Sie probehalber Müll auf, wenn Sie welchen entdecken. Sie werden sehen, so etwas kann richtig beglücken. Darin besteht meines Erachtens der wahre Effekt der geheimen Wohltaten.

Wer sein Leben ändern will, muss dafür täglich etwas tun

Wenn wir uns an hübschen Blumen erfreuen wollen, müssen wir Zeit und Mühe investieren: Wir müssen die Erde umgraben, die Samen säen, sie wässern und die Pflänzlinge großziehen. Im Gegenzug werden wir, je nach Aufwand unserer Pflege, mit einer wahren Blütenpracht belohnt.

Für unser Leben gilt dasselbe. Wir mögen beschließen, auf eine bestimmte Art zu leben oder ein bestimmter Mensch werden zu wollen, doch solch eine Veränderung wird sich nicht sofort einstellen.

Wenn wir uns nicht die Zeit nehmen, um unsere Lebensumstände entsprechend zu ordnen und uns kundig zu machen, wird es auch keine Resultate geben.

Doch wie viel Wissen wir auch anhäufen und wie viele Informationen wir auch sammeln mögen, wenn dem Ganzen keine Taten folgen, wird sich nichts ändern. Wir mögen vom Verstand her noch so sehr von einer Sache überzeugt sein, solange wir sie uns nicht auch körperlich aneignen, wird das auf unser Tun keinen Einfluss haben. Wissen und Informationen sind dann gerade so viel wert wie ein nur gemaltes Reisküchlein.

Sie mögen nach der Lektüre dieses Buches verstanden haben, wie wichtig Saubermachen ist, doch solange Sie dieses Wissen nicht in die Tat umsetzen, haben Sie nichts verstanden.

Alles steht und fällt damit, dass wir unsere Taten

tagtäglich wiederholen. **Wenn wir uns ändern wollen, müssen wir diesen Wunsch in die Tat umsetzen und unser Tun auch langfristig beibehalten.**

Als Sie in der Grundschule schreiben lernten, haben Sie bestimmt immer wieder die Schriftzeichen geübt. Und nicht wenige von Ihnen haben sich bei den Hausaufgaben den Text im Lehrbuch mehrmals laut vorgelesen. Wir alle erlangen unsere Sprachkompetenz, indem wir mit der Hand schreiben, mit lauter Stimme lesen, mit den Ohren hören und uns die Worte einprägen.

Um etwas wirklich zu verstehen, müssen wir uns dies so lange körperlich einprägen, bis wir es begriffen haben. Haben wir dieselbe Aufgabe mehrere Male bewältigt, können wir sie irgendwann auch mit geschlossenen Augen lösen. Nach wiederholtem Üben kommt der Moment, in dem uns etwas in Fleisch und Blut übergeht. Wer nicht an diesen Punkt gelangt, hat es nicht wirklich verstanden.

Auch die angehenden Mönche wiederholen Tag für Tag dieselben Übungen. Sie praktizieren Zazen, rezitieren die Sutren und widmen sich fleißig ihren Arbeiten wie zum Beispiel dem Putzen. 365 Tage im Jahr erledigen sie fast immer dasselbe Tagespensum.

Dabei entdecken und lernen sie aber immer etwas Neues. Und eh sie sich's versehen, haben sie sich verändert und zu einem neuen Selbst gefunden.

Wir möchten unser Leben jetzt und sofort ändern. Aber wir sollten nicht in die Ferne, sondern lieber auf unsere Füße schauen. Was können wir in diesem Augenblick tun? Lassen Sie uns auf die Suche gehen.

Nicht mit dem Kopf, sondern mit dem Körper lernen

Die Mönche kümmern sich ganz und gar selbst um ihre Sachen, sie überlassen nichts jemand anderem. Der Einsatz ihres Körpers ist Teil ihrer Übungen.

Sie nehmen auch so gut wie nie Maschinen zu Hilfe. Als ich ein angehender Mönch war, haben wir unsere Wäsche mithilfe eines Waschbretts gewaschen. Auch heute wird das, glaube ich, noch so gehandhabt.

Haben Sie schon einmal Ihre Wäsche auf einem Waschbrett gewaschen?

Das ist ziemlich harte Arbeit. Wir brauchen viel Kraft in den Armen, um die Wäsche zu schrubben, sonst bekommen wir den Schmutz nicht raus. Das Auswringen erfordert ebenfalls Kraft. Doch erst, wenn wir unsere Wäsche mit den eigenen Händen waschen, verstehen wir, was für eine enorme Arbeit dies ist. Außerdem entdecken wir dann auch leichter Löcher und lose Fäden.

Wenn Sie beim Waschen nur einen Schalter betätigen müssen, und schon ist alles fertig, werden Sie nie die Erfahrung machen, wie anstrengend Waschen ist. Sie wissen auch nicht, wie dankbar Sie Ihrer Waschmaschine sein sollten.

Alles Stück für Stück mit dem Körper zu prüfen und zu erfahren, ist also eine wesentliche Übung.

Wird unser Lebensgefühl vielleicht deswegen blasser, weil unsere Körper immer weniger zum Einsatz kommen?

Wenn ich beispielsweise in den vierten Stock eines Hauses will und den Fahrstuhl nehme, bin ich im Nu oben, ohne mich anzustrengen.

Laufe ich jedoch die Treppe hinauf, spüre ich die Anstrengung in den Beinen und komme außer Atem. »Bin ich fertig, ist das anstrengend!«, denke ich. Aber ich habe geschwitzt, die Beine bewegt und die Erfahrung gemacht, was es heißt, Stufe für Stufe den vierten Stock zu erklimmen.

»Endlich oben. Bin ich erledigt!«, ächze ich oben angekommen, noch völlig aus der Puste, aber ich spüre auch, dass ich lebe.

Wenn wir Arme und Beine für unsere Aktivitäten nutzen, wirkt sich das auch auf uns selber aus. Indem wir unsere Körper zum Einsatz bringen, machen wir diverse körperliche Erfahrungen.

Sie können natürlich auch ins Fitnessstudio gehen oder joggen. Putzen aber können Sie direkt zu Hause. Setzen Sie Ihren Körper in Bewegung und fangen Sie an zu putzen: Sie werden bestimmt einiges entdecken.

Mit Übungen das Handeln vervollkommnen

Die Lehre des Zen, so ließe sich sagen, ist eine »Philosophie«, in der es darum geht, durch die Befragung menschlicher Lebensweisen Wahrheit zu finden.

Aber es gibt einen entscheidenden Unterschied zwischen Zen und Philosophie.

Zen ist eine tägliche Praxis, es sind Übungen.

Philosophie ist eine Wissenschaft, die darauf abzielt, Wissen zu mehren, logisch zu denken und zu neuen Wahrheiten zu gelangen. Das Ziel des Zen aber besteht darin, täglich Zazen zu praktizieren, sich der Arbeit zu widmen, Körper und Geist zu stählen und Erleuchtung zu erlangen.

Der fünfte Zen-Meister Daman Hongren hatte zwei Schüler, die sich besonders hervorgetan haben, Yuquan Shenxiu und Huineng. Von Yuquan Shenxiu stammt der folgende Ausspruch:

Der Körper ist wie der Bodhi-Baum, das Herz wie ein klarer Spiegel.
Wische es hin und wieder,
sodass sich kein Staub darauf sammelt.

Der heilige Bodhi-Baum, unter dem Buddha Gautama Erleuchtung erlangt hat, steht hier für unseren Körper. Damit wir für Erleuchtung offen sind, müssen wir unser Herz regelmäßig wischen, damit sich kein Staub darauf sammelt.

Jeder macht in seinem Leben im Umgang mit anderen Menschen unterschiedliche Erfahrungen, mal straucheln wir, mal fühlen wir uns im Vergleich mit anderen niedergeschlagen. »Warum läuft es nur in meinem Leben nicht so, wie es soll?«, fragen wir uns.

Mit solchen Gedanken machen wir uns Angst und setzen uns unter Druck. Dadurch sammeln sich Schmutz und Staub auf unseren Herzen.

Ein Vergleich zwischen mir und den anderen ist im Grunde genommen sinnlos. **Wenn wir im Umgang mit anderen Menschen Probleme haben, sollten wir nicht daran festhalten, sondern Distanz gewinnen. Dann eröffnet sich auch eine neue Perspektive.**

Die meisten Menschen aber nehmen nicht bewusst wahr, was gerade vor sich geht. Verleitet vom Schmutz und Staub auf ihren Herzen, denken sie die ganze Zeit nach und drehen sich immer wieder im Kreis.

Solch ein Zustand lässt sich durch die Disziplin des Putzens auflösen. Wenn wir mit freiem und offenem Geist putzen, vervollkommnen wir unsere Disziplin. Es handelt sich also um nichts anderes als um eine Übung.

Zazen in einem schönen Raum praktizieren

Was würden Sie in einem blitzblank geputzten, von allen überflüssigen Dingen befreiten Raum machen? Ich würde dort Zazen praktizieren.

Zazen ist die Grundlage der Zen-Übungen. Die Mönche beginnen ihre Übungen mit Zazen und beenden sie mit Zazen.

Hände und Füße sind still, der Atem wird ruhig, das Bewusstsein richtet sich nach innen. Wir sitzen konzentriert da, und unser Herz, das voller Aufregung war, kommt zur Ruhe.

Irgendwann, in einem bestimmten Moment, gelangen wir dann in einen wohligen Zustand, der durch nichts in der Welt ersetzt werden kann. Es ist der Moment, in dem wir uns von all den störenden Gedanken lösen, die uns für gewöhnlich das Leben schwer machen, und zum Zustand des Nichts vordringen.

Es wäre großartig, wenn Sie diese Erfahrung auch in Ihrem Alltag in Ihrem schön aufgeräumten Zimmer machen könnten.

Wenn man in der Zazen-Position sitzt und ruhig ein- und ausatmet, zirkuliert das Blut besser und strömt bis in die Finger- und Zehenspitzen. Der Körper wird immer wärmer. Auch aus medizinischer Sicht ist erwiesen, dass sich beim Zazen die Blutgefäße weiten und die Zirkulation des Bluts um 25 Prozent bis 28 Prozent zunimmt.

Umgekehrt verengen sich die Blutgefäße bei Stress

um 15 Prozent bis 20 Prozent. Bei gestressten Menschen, deren Blutgefäße verengt sind, und bei entspannten Menschen, deren Blutgefäße geweitet sind, unterscheidet sich auch die Menge an Sauerstoff, die mit dem Blut ins Gehirn gelangt. Daraus resultiert natürlich auch ein recht unterschiedliches Leistungsvermögen.

Darüber hinaus sendet das Gehirn beim Zazen Alphawellen aus, die eine entspannende Wirkung haben. Nachgewiesenermaßen kommt es dabei zu einer starken Ausschüttung von Serotonin, einer Substanz, die das Hirn aktiviert. **Zazen sorgt also nicht nur für Klarheit in Körper und Herz, sondern belebt auch das Gehirn.**

Vielleicht hat die bewusste Wahrnehmung dieser Auswirkungen dazu geführt, dass sich in letzter Zeit mehr Menschen für Zazen interessieren und es immer mehr Zazen-Gruppen gibt.

Auch der Tempel, dem ich als Priester vorstehe, hält jeden Sonntag Zazen-Sessions ab. Die Teilnehmer sind zwischen 30 und 70 Jahre alt und kommen aus diversen Bereichen, es sind Hausfrauen und Angestellte darunter. Einige sind schon seit fast 30 Jahren dabei. Beim wöchentlichen Zazen werden ihre Herzen neu gestartet. Oft berichten sie mir zu meiner Freude, dass sie ohne die Zazen-Sessions nicht richtig zur Ruhe kämen.

Haben nicht auch Sie Lust, in Ihrem angenehm aufgeräumten Zimmer mit Zazen anzufangen?

Zazen ordnet Körper, Atmung und Herz

Sie sollten Zazen unbedingt einmal ausprobieren. Am besten wäre es, wenn Sie zunächst an einer Gruppe oder einem Kurs teilnehmen, wo Sie richtig angeleitet werden. Wenn Sie die Grundregeln jedoch sicher beherrschen, können Sie Zazen auch zu Hause praktizieren.

Die Grundregel des Zazen lautet *chōshin – chōsoku – chōshin,* das bedeutet: geordneter Körper, geordneter Atem, geordnetes Herz.

Bringen Sie zuerst Ihren Körper und dann Ihren Atem in Ordnung, dann ordnet sich auch Ihr Herz.

Geordneter Körper heißt, die Haltung korrigieren, denn eine richtige Haltung ist wichtig: das Rückgrat strecken und das Kinn zu sich heranziehen.

Geordneter Atem heißt, den Atem korrigieren, die Basis hierfür ist die Bauchatmung. Konzentrieren Sie sich auf das *tanden,* das Zentrum Ihres Bauches, und atmen Sie durch die Nase ruhig ein und aus.

Geordnetes Herz heißt, das Herz findet nach und nach seine Ordnung.

Beim Zazen vergessen Sie Ihren Alltag und denken schließlich an gar nichts mehr. Und wenn doch einmal ein Gedanke auftaucht, verfolgen Sie ihn nicht weiter, lassen Sie los und gelangen Sie so in einen wohligen Zustand.

Wer Zazen praktiziert, kann den Prozess »vom geordneten Körper zum geordneten Atem zum geordneten Herzen« ganz zwanglos erfahren.

Auf den nächsten Seiten werde ich Ihnen für Ihre Praxis zu Hause die Grundpositionen des Zazen vorstellen.

Eine Zazen-Sitzung im Tempel dauert etwa 40 Minuten, so lange, wie ein Räucherstäbchen zum Abbrennen braucht. Zu Hause reichen jedoch schon fünf oder zehn Minuten.

Ich empfehle Ihnen, morgens Zazen zu praktizieren.

Setzen Sie sich, wenn Sie mit dem Saubermachen fertig sind, einfach in Ihr aufgeräumtes Zimmer und praktizieren Sie Zazen. Durch den tiefen Atem erwacht Ihr Körper, und Ihr Kopf wird klar. **Wenn Sie sich jeden Morgen mit Zazen aufwärmen, werden Sie voller Energie in den Tag starten.**

Im Vergleich zu den Tagen, an denen Sie hektisch Ihr Essen hinunterschlingen und überstürzt aus dem Haus rennen, werden Sie sich an Tagen, an denen Sie nach dem Putzen Zazen praktizieren und dann, körperlich und innerlich belebt, das Haus verlassen, viel erfüllter fühlen.

Wenn Sie es sich zur Gewohnheit machen, morgens Zazen zu praktizieren, wird das Ihr Leben enorm bereichern.

Grundpositionen des Zazen

Beschließen Sie, wo in Ihrem Zimmer Sie nach dem Aufräumen Zazen praktizieren wollen, und legen Sie Ihr Zazen-Kissen oder ein festeres Sitzkissen an diesen Platz. Wählen Sie eine Umgebung und eine Zeit, in der Sie Ruhe finden, und tragen Sie Kleider, die Ihren Körper nicht beengen. Ziehen Sie die Strümpfe aus, legen Sie Ihre Uhr und Schmuckgegenstände ab und setzen Sie sich mit dem Gesicht zur Wand.

1. Haltung der Beine

Setzen Sie sich leicht auf die vordere Hälfte des doppelt gefalteten Kissens und legen Sie Ihre Beine in den ganzen oder halben Lotossitz. Achten Sie auf Ihre jeweilige körperliche Konstitution und Kondition und machen Sie nichts, was Sie nicht können.

Lotossitz

Nehmen Sie den rechten Fuß und legen Sie ihn auf den linken Oberschenkel. Dann nehmen Sie den linken Fuß und legen ihn auf den rechten Oberschenkel.

Halber Lotossitz

Nehmen Sie den rechten Fuß und drücken Sie ihn tief gegen den linken Oberschenkel, dann nehmen Sie den linken Fuß und legen ihn auf den rechten Oberschenkel.

2. Haltung der Hände

Legen Sie Ihre linke Hand in die Finger der rechten Hand und legen Sie beide Daumen so aneinander, dass Ihre Hände ein Ei formen. Legen Sie Ihre Hände in dieser sogenannten Mudra-Haltung auf Ihren Oberschenkeln ab. Achten Sie darauf, dass Sie mit Ihren Daumen nicht zu viel Druck ausüben.

3. Haltung des Oberkörpers

Ihr Körper ruht auf drei Punkten, den beiden Knien und dem Gesäß. Der Rücken ist gestreckt, die Schultern sind entspannt und die Hüften stabil. Ziehen Sie das Kinn zu sich heran und achten Sie darauf, dass Ihr Oberkörper vom Steißbein bis zum Scheitel aufrecht ist und eine vertikale Linie bildet.

4. Ausrichtung des Blicks

Halten Sie Ihre Augen halb geöffnet und senken Sie Ihren Blick 45° schräg nach unten, sodass er auf einen Punkt etwa einen Meter vor Ihnen fixiert ist. Schließen Sie die Augen nicht, da Sie sonst müde werden könnten.

5. Schwingen nach links und rechts

Lassen Sie Ihren Oberkörper wie ein Pendel nach links und rechts schwingen und lassen Sie die Bewegung allmählich kleiner werden. Halten Sie in einer Position an, in der Sie weder nach rechts noch nach links geneigt sind, und kommen Sie mit aufrechtem Oberkörper zur Ruhe.

6. Atmung

Entspannen Sie sich, atmen Sie zwei, drei Mal kräftig aus und dann weiter tief ein und aus. Lenken Sie Ihre Aufmerksamkeit auf das *tanden,* das Zentrum Ihres Bauches, und atmen Sie mit der Bauchatmung ruhig durch die Nase. Atmen Sie ganz in Ihrem Rhythmus und machen Sie lange, ruhige Atemzüge.

Wenn Ihnen alle möglichen Gedanken durch den Kopf gehen, denken Sie nicht daran, dass Sie nicht denken sollen, sondern lassen Sie sie einfach. Die Gedanken verschwinden nach einer Weile von selbst, und Ihr Herz wird Ruhe finden.

Abschließend noch eine Anmerkung: Wer Probleme mit den Beinen oder Füßen hat, kann auch auf einem Stuhl Zazen praktizieren. Achten Sie jedoch darauf, sich nicht anzulehnen.

Mit geordnetem Herzen das Glück beim Schopfe packen

Glück ist wie ein Frühlingswind.

Frühlingswinde wehen für alle gleich. Sie wählen sich ihr Ziel nicht aus, weil »der da einen schlechten Charakter hat« oder weil sie »jenen nicht mögen«.

Manche Menschen schaffen es, diesen Wind, kaum dass er weht, beim Schopfe zu packen und mit ihm die Blumen zur schönsten Blüte zu bringen, während andere dies nicht vermögen. Die Ersteren haben sich allerdings schon lange auf diesen Moment vorbereitet, während die, denen es nicht gelingt, erst mit den Vorbereitungen begonnen haben, als der Wind längst wehte.

Die Menschen, die den Frühlingswind zu fassen kriegen, haben vorgesorgt, sodass ihre Blumen bald darauf blühen, sie haben sich im Vorhinein eine Grundlage geschaffen. Deswegen können sie, sobald die Chance namens Frühlingswind heranweht, diese umsetzen und die Blumen zum Blühen bringen. Wer sich jedoch nicht gekümmert und keine Basis geschaffen hat, kann auch nicht, selbst wenn die Chance da ist, diese nutzen. Eine Garantie, dass die Chance ein zweites Mal kommt, gibt es jedoch nicht.

Wer gleich eine gute Chance ergreift, hat Glück, heißt es. Und wer seine Chance ergriffen hat, dem wird dies auch beim nächsten Mal glücken. Umgekehrt wird der, der seine Chance nicht ergreift, auch beim nächsten Mal Pech haben.

Wir selbst sind es, die sich tagtäglich anstrengen müssen, um eine solide Grundlage zu schaffen. Wenn Sie zum Beispiel bei der Arbeit ein großes Projekt ablehnen, »weil Sie noch nicht so weit sind«, werden Ihnen Ihre Vorgesetzten kaum mehr ein ähnliches Projekt anvertrauen. Es ist wichtig, immer eine gute Grundlage dafür zu schaffen, dass das Glück auch kommen kann.

Wie können wir in unserem täglichen Leben dafür sorgen?

Ich glaube, es gibt nichts Besseres dafür als Putzen. Wenn unser Zimmer unaufgeräumt ist, wird uns, sosehr wir uns ein reines Herz bewahren wollen, der Schmutz auf unseren Herzen daran hindern. Ein reines Herz, das die Dinge wahrhaft widerspiegelt, wird nur in einer reinen Umgebung geboren.

Wenn wir jeden Tag unermüdlich putzen, werden wir nach und nach für die winzigen Veränderungen der Natur und für kleine Ereignisse empfänglich. Immer häufiger werden wir dankbar sein für das, was wir erleben.

Gerade diese Momente voller Gelassenheit und Dankbarkeit bereichern unser tägliches Leben und helfen uns, Vorbereitungen zu treffen, um unsere Chance zu ergreifen. Sie geben uns Kraft, das Glück beim Schopf zu packen.

Zum Schluss

Glauben Sie jetzt, nach der Lektüre dieses Buches, das Gelesene auch in die Praxis umsetzen zu können? Oder haben Sie das Gefühl, eher nichts damit anfangen zu können?

Wahrscheinlich ist es zu viel, wenn Sie alles, was in diesem Buch steht, gleich von Anfang an realisieren wollen. Gehen Sie Schritt für Schritt vor. Wichtig ist auch, nicht das ganze Zimmer auf einmal aufzuräumen und es dabei bewenden zu lassen, sondern stets weiterzumachen.

Beginnen Sie mit etwas, von dem Sie glauben, es bewältigen zu können. Nehmen Sie sich zunächst nur eine oder zwei Aufgaben vor. Wenn Sie die geschafft haben, können Sie sich an etwas Neues machen, was Sie sich ebenfalls zutrauen. Nach 100 Tagen wird Ihnen das Aufräumen zur Gewohnheit geworden sein.

So, wie Zen-Übungen nie ein Ende haben, hören auch das Aufräumen und das Putzen nie auf.

Behalten Sie dieses Büchlein immer in Ihrer Nähe und blättern Sie hin und wieder darin. Nichts würde mich glücklicher machen, als wenn es Ihnen als Leitfaden für ein schlichtes und erfülltes Leben dienen könnte.

JEFF SHORE

DER WEG BEGINNT UNTER DEINEN FÜSSEN

ZEN FÜR DAS MODERNE LEBEN

Der amerikanische Zen-Meister Jeff Shore ist ein moderner und zugleich tief in der Tradition verwurzelter Lehrer. Aus seiner authentischen Erfahrung heraus erklärt er Zazen, die Meditation in der Stille, auf ganz neue Art und macht sie allen Praktizierenden zugänglich.

Das Ziel ist, mit dem tiefsten Wesen unmittelbar im Leben präsent zu sein.

»Ich traf Jeff zum ersten Mal in Kyoto, es waren nur noch ein paar Rennen bis zur Weltmeisterschaft. Ich lernte von ihm alles über Zen-Meditation. Vor dem letzten Rennen meiner Karriere meditierte ich, wie ich es mit Jeff getan hatte. Ich stieg in meinen Rennwagen und gewann so meine erste Weltmeisterschaft.«

Nico Rosberg

O.W. BARTH

HUANG-PO

DER GEIST DES ZEN

DIE LEGENDÄREN AUSSPRÜCHE UND ANSPRACHEN DES HUANG-PO

In seinen berühmten Ansprachen und Dialogen hat Huang-po als erster großer Lehrer die Quintessenz des Zen-Geistes gezogen. Er gehört zu den »Giganten« unter den Zen-Meistern und hat in der Blütezeit des Zen im China des 9. Jahrhunderts gelebt. Seine Hauptbotschaft ist die Lehre vom Einen Geist, der allem zugrunde liegt und direkt in unserem eigenen Bewusstsein erfahren werden kann. Bei diesem Klassiker wird jeder aufmerksame Leser diese ursprüngliche Harmonie aller Dinge spüren können.

O.W. BARTH

EUGEN HERRIGEL

ZEN IN DER KUNST DES BOGENSCHIESSENS

Wie kaum ein anderer Europäer ist Eugen Herrigel nicht nur intellektuell, sondern auch durch eigene Erfahrung in den Geist und die Praxis des Zen eingedrungen. Mit seinem weltweit bekannten »Zen in der Kunst des Bogenschießens« hat er ein Standardwerk der westlichen Zen-Literatur geschaffen, dessen Lektüre zu einem Schlüsselerlebnis für zahllose Künstler, Intellektuelle und Suchende auf dem geistigen Weg geworden ist.

»Eugen Herrigel war einer der ganz wenigen Nicht-Japaner, die das Wesen des Zen erfasst haben. Seine Schriften vermögen den westlichen Leser vertraut zu machen mit jener seltsamen und scheinbar unzugänglichen Art der östlichen Erfahrung, die wir ›Zen‹ nennen.«
Daisetz T. Suzuki

O.W. BARTH